中国文化遗产研究院·文物保护工程与规划系列·2015 年

潼南大佛
保护修复工程报告

中国文化遗产研究院　编

文物出版社

责任编辑：张晓曦
封面设计：程星涛
责任印制：张道奇

图书在版编目（CIP）数据

潼南大佛保护修复工程报告／中国文化遗产研究院编．
—北京：文物出版社，2015.6
ISBN 978－7－5010－4332－3

Ⅰ．①潼…　Ⅱ．①中…　Ⅲ．①佛像－文物保护－研究
报告－潼南县 ②佛像－文物修整－研究报告－潼南县
Ⅳ．①K879.34

中国版本图书馆 CIP 数据核字（2015）第 140717 号

潼南大佛保护修复工程报告

中国文化遗产研究院　编

*

文 物 出 版 社 出 版 发 行
（北京市东直门内北小街 2 号楼）

http：//www.wenwu.com

E-mail：web@wenwu.com

北 京 宝 蕾 元 公 司 制 版

北 京 京 都 六 环 印 刷 厂 印 刷

新 华 书 店 经 销

889×1194　1/16　印张：15

2015 年 6 月第 1 版　　2015 年 6 月第 1 次印刷

ISBN 978－7－5010－4332－3　定价：150.00 元

编辑委员会

主　　编：詹长法

副主编：张　可　高　峰　刘志勇

编　　委：张晓彤　张俊杰　舒洪福　姜孝荣

　　　　　王　方　李元涛　徐　林

目　录

前　言

2010年9月，中国文化遗产研究院接受潼南县景区管理委员会委托，对县域内潼南大佛开展了保护修复工程，自2010年9月启动至2012年5月现场工作完成，工程历时21个月。为保证工程的顺利实施，中国文化遗产研究院在工程实施前对大佛本体进行了系统勘察，针对相关问题与难点，经过论证形成了对修复操作具有指导意义的现状评估与对策研究报告；借鉴川渝地区具有地方特色的造像形制，对发髻等部位的修复进行审慎论证；坚持保证文物安全的原则，采用灌浆、加固、回贴的方法，对大佛胎体严重风化的泥岩夹薄层状砂岩进行了加固；在研究大佛胎体制作、地仗制作、不同时期的贴金工艺等基础上，对传统髹漆、贴金工艺进行了研究与应用。采取了控制部分裂隙水源、设置脚部周边排湿通道的方法，减小渗水对本体的侵蚀，疏通毛细水的扩散路径。工程在实施过程中，就修复对象体量巨大，石质、贴金、彩绘多种材质交织，地域连续高湿天气等带来的问题，多次邀请专家咨询，研讨解决方案，以达到对技术要求与工艺统一性的严格控制。

国家文物局、重庆市文物局、潼南县委县政府、潼南景区管理委员会、各领域的专家对工程的实施给予了大力的指导与支持，共同保证了工程的顺利完成。工程主要完成节点如下：

1）2010年9月25日~10月15日，参照设计方案进行现场勘察，并进行场地、材料、人员等组织准备工作；

2）2010年10月16日~12月底，完成对大佛表面积尘、污渍、附着物等的初步清理（对本体保存现状与设计方案中该部分内容的差异进行评估）；

3）2011年1月，对本体病害程度、面积进行统计；对发髻修复形制进行调研、论证；开展本体修复实验；

4）2011年2~3月，进行本体加固、修补、发髻修复实验以及贴金材料实验，完成论证评估；

5）2011年4月~7月15日，进行局部基岩加固、地仗层修补、起翘地仗层回贴灌浆；

6）2011年6月5日~8月20日，完成面部大漆地仗施工；

7）2011年7月5日~8月15日，完成周边岩体清理加固；

8）2011年9月15日~10月15日，完成4、5、6层大漆地仗施工工作；

9）2011年12月1日~12月7日，完成面部金箔回贴封护工作；

10）2012年1月~2月底，完成其余部分的全部大漆地仗施工；

11）2012年3~5月，完成表面贴金工作。进行项目资料整理，开展报告编制，配合开展结项验收等工作。

潼南大佛本体保护修复工程完成主要工作如下：

1）保存现状的勘察与评估；

2）发髻的形制论证与保护修复；

3）大佛本体及地仗加固与围岩加固；

4）大佛漆层保护修复；

5）大佛贴金层修复；

6）大佛脚部排湿沟槽的设置；

7）围栏设置等参观控制措施。

第 1 章　概况

1.1　地理位置及概述

潼南大佛位于重庆市潼南县境内的大佛寺内，地处潼南县城西北涪江南岸的定明山北麓，距县城 1.5km（图 1-1）。1999 年被评为重庆市风景名胜区，2006 年被国务院列为全国重点文物保护单位。

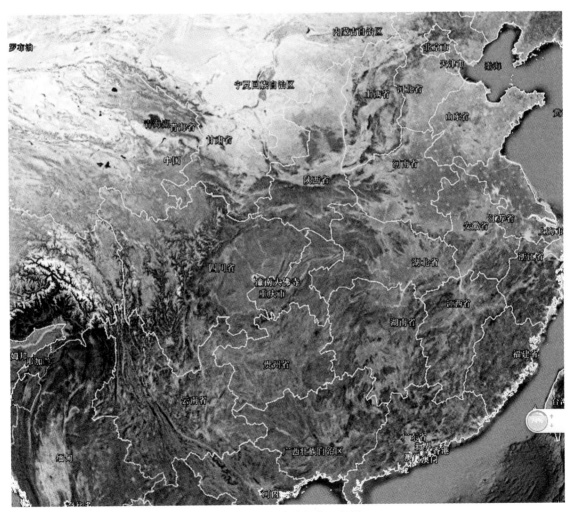

图 1-1　潼南大佛寺区位图

潼南大佛寺始建于唐咸通三年（862年），旧名"南禅寺"，北宋治平年间（1064~1067年）赐额"定明院"，因寺内有摩岩饰金大佛——潼南大佛而得名"大佛寺"，迄今已有1000多年历史。大佛寺存有开凿于隋代至清代的儒、释、道三教石刻造像，其中有明确纪年的共126龛、928尊。隋开皇、大业天尊像是重庆地区最高的宗教造像，也是我国早期道教造像之一。大佛寺名胜众多，有我国最早的全琉璃顶的古建筑"大像阁"、古代四大回音建筑之一的"石磴琴声"、全国最大的顶天"佛"字、罕见的天然回音壁"海潮音"等十八胜景；文化底蕴深厚，有历史名人、墨客的题记、碑刻、楹联100余处，为研究我国古代的政治、经济、文化、宗教、水文、书法提供了非常宝贵的实物资料。

潼南大佛是大佛寺内最重要的景观。大佛为摩崖凿刻的释迦牟尼佛坐像，高18.43m，肩宽8.35m，体量巨大，肃穆庄严、神态自若，通体饰金，巍峨壮观。这尊大佛头部肉髻低平，饰螺发，面颊圆润，表情恬静，双目微垂，嘴角含笑，神态慈祥和蔼，体现出佛教慈悲济世的情怀。大佛身着金色袈裟，善跏趺坐，左手覆左膝，右手手心向上展于腹前，泰然自若。造像整体雕琢工整精细，是西南地区唐宋宗教造像的代表作品之一。

借助三维扫描测绘技术（图1-2、1-3），获取大佛各部位精确尺寸如下（表1-1）：

图1-2 潼南大佛正射影像全图

图1-3 潼南大佛三维扫描图

表 1-1 潼南大佛各部分尺寸

通高	17.81m	肩宽	7.490m	头高	4.864m
底宽	8.925m	头宽	3.21m	面宽	2.81m
左耳宽	1.1m	左耳高	2.645m	口宽	1.1m
右耳宽	1.015m	左耳高	2.675m	上下唇总厚度	0.35m

潼南大佛也是中国佛教文化艺术的杰出代表,为研究我国唐宋时期的宗教、历史、文化、艺术提供了优秀的案例。中国社会科学院世界宗教研究所研究员、博士生导师杨曾文先生已从事宗教文化研究多年,他说:"中国的佛教发展史上,儒、释、道三家往往互融互助,这是中国特有的现象。"潼南金大佛融合了多元文化,具有典型的代表性。

此外,这尊造像的开凿历史也较为特殊——初于唐代凿就佛首,北宋继续凿刻佛身,佛像装銮完成于南宋绍兴中后期(约 1149~1153 年)。虽前后历经 290 余年,但造像比例匀称,风格统一,雕琢细腻,工艺精美,栩栩如生。

1.2 气候条件

潼南大佛所处的重庆市潼南县,属亚热带湿润季风气候区,具有气候温和、热量充足、降水丰沛、冬暖夏热、四季分明的特点。全县平均气温 17.7℃,最高月平均气温出现于每年 8 月,最低月平均气温出现于每年 1 月;极端高温 42.2℃,最低气温 -3.4℃;多年平均相对湿度 82%。区内降雨充沛,多年平均降雨量 982.66mm,其中 5~9 月为 706.8mm,占全年降雨量的 71.9%,多以暴雨形式集中降落,强度大,侵蚀性强。

通过对潼南县气象数据的统计与分析,可得出以下结论:

1)空气相对湿度:潼南县 2004~2008 年 5 年内平均相对湿度为 81.3%。四个季节中,冬季平均相对湿度最高,达 90%,夏季平均相对湿度最低,为 75%。总体相对湿度偏高。

2)水汽压:潼南县 2004~2008 年平均水汽压为 179hPa。统计表明:每年 5~9 月水汽压明显高于其他月份的水汽压。

3)酸雨:潼南县 2007~2009 年雨水 pH 的平均值为 4.93,酸雨现象严重。其中,2007 年 1 月和 3 月最为严重,pH 值达到 4.03 和 4.12。

4)气温:潼南县 2004~2008 年五年的日平均气温为 18.2℃。一年中 1 月最冷,平均气温 6.7℃,最低达 -1.5℃;8 月最热,平均气温分别 28.5℃和 27.8℃,最高气温达 42.2℃,季节温差大。

5)降雨量:潼南县 2004~2008 年平均降水量 955.3mm,最高年降水量 1085.8mm,最低年降水量 709.5mm;降雨季节分布不均,夏秋两季降雨最多,总量达 735.4mm,占全年降雨量的 78.3%;平均降雨天数为 136d(日降雨量 ≥0.1mm);日降雨量 25~49.9mm 的大雨天数,平均每年 5.8d;暴雨天数平均每年 2.4d(≥50mm)。

总体而言,大佛周边环境雨量充沛,气候潮湿,年均相对湿度高,且酸雨现象严重。大佛及小微环境监测显示大佛湿度不均一(上部湿度<中部湿度<下部湿度),表面存在严重渗水区域且渗

出水 TDS（总离子浓度值）的数值为 240ppm 富含大量可溶盐，均显示潼南大佛所处环境属于高湿环境、气温波动明显，导致大佛表面发生水盐破坏、酥碱粉化、颜料起甲脱落、贴金层剥离开裂等表面破坏现象，不利于大佛的长期稳定保存。

1.3 宗教活动

潼南大佛自开凿至今，始终承载着重要的宗教功能，是宗教崇拜与宗教传播的载体，在当地民众及佛教信徒心目中具有重要的地位，其所在的大佛寺也是潼南县重要的佛教活动场所。据中国社会科学院世界宗教研究所黄夏年教授考证，潼南曾是巴渝佛教文化重镇，潼南大佛目前是全国最大的室内石胎通体贴金佛像，在中国佛教史上具有重要地位，堪比乐山大佛。大佛寺摩崖石刻造像也是目前所知巴渝地区最早的佛教造像，现在还保存着隋唐开皇十一年（591 年）的石刻，对于研究中国古代宗教造像史亦有重要价值，弥足珍贵。

时至今日，每逢农历初一、十五及宗教节日，潼南及周边地区前来参拜大佛的信众、居士等络绎不绝，至今保持着旺盛的民间祭拜活动（图 1-4）。

图 1-4　信众在工程实施期间仍保持对大佛的祭拜

1.4 价值评估

1.4.1 历史价值

根据有明确年代记录的题记考证，大佛寺摩崖造像的创作年代最早可追溯到隋开皇十一年

（591年）。潼南大佛的开凿也可追溯到唐长庆四年（824年）之前。以大佛为中心，在东、西长达一里许的岩壁上，摩崖造像的开凿工作经年不断，至今留下的龛共计104座，造像700余身。这些玲珑精美的龛刻多为佛、弟子、菩萨等佛教造像，此外另有道教造像10龛、儒家造像2龛。其中最早的道教造像，题记中纪年为开皇十一年（591年），距今已近1400余年历史。唐代出现的摩崖龛胡人形象雕刻，证明了早在唐中期西域文化就已对内地产生了直接影响，并取得了较高的艺术成就。

潼南大佛在雕凿过程中还经历了由佛教主宰到佛、道二教协作的过程，这在我国的佛教和道教造像史上极为罕见，也是佛教文化在中国本土传播并与本土宗教文化融合的例证。造像不同局部所体现出的图像与风格差异，对于研究不同时期的佛教文化，以及佛教与道教之间的文化差异，都具有很高的历史价值。

大佛的保护性建筑七檐佛阁，始建于宋建炎元年（1127年），经国家文物局高级工程师杨烈勘察鉴定，为我国最早使用全琉璃顶的古建筑，在中国古建筑史上占有重要地位。

此外，大佛寺也被历代达官显贵、宗教信众视为朝圣之地，宋代敷文阁直学士冯楫、著名理学家魏了翁，清代重臣曾国藩、左宗棠等都曾在此留下珍贵遗迹。寺内有历代名人的碑刻题记83则，骚人墨客为记趣览胜而题咏的诗赋百余首，镌刻镏金、字体各异的楹联20则，记录历代水文的题刻五则，记载宋绍兴六年（1136年）重灾题刻一则。这些始于隋，盛于唐、承于宋、元、明、清，迄于民国的优秀文化遗产，为研究我国古代的政治、经济、文化、宗教等历史提供了重要的实例资料。

寺庙周边的历史水文的题刻，记载南宋重灾的题记，也为研究古代地质、水文历史提供了宝贵的实物文献资料。

1.4.2　艺术价值

在古代，佛教在巴蜀地区普遍兴盛。潼南、大足、合川形成的巴渝石刻造像带，遗迹保存较好，工艺精湛，特点突出，对研究巴渝乃至西南地区的石刻艺术史，提供了重要的实物证据。

大佛阁内，依岩壁凿就的释迦牟尼大佛端坐于石壁间，体量宏大、比例匀称、气势雄浑、体态及面相庄严，使观者心生敬畏，完美地表现了释迦牟尼的至尊身份，传达了佛教庄严的精神境界；造像整体造型严整、线条流畅、雕工精湛、装饰富丽，庄严肃穆而不失亲和之感；造像规模宏大，设计中显露出奇瑰的气度、贴金装饰面积庞大，在我国古代石刻中较为罕见。潼南大佛堪称世界佛教石刻艺术中的瑰宝，是我国优秀的文化遗产，具有不朽的艺术价值。

具体就造型风格而言，潼南大佛因体量巨大，与唐宋时期的小型石刻造像在形体风格上有一定的差异，身姿更具静态感，讲究对称和外轮廓形的严整，服装及手臂线条浑整流畅，且衣饰与身体的贴合感强，但较少动势。同时，肢体的圆润丰满、造像面容流露出的喜悦亲切之情又体现出了随着佛教的本土化，唐宋佛教造像逐渐开始世俗化的趋势，与同属巴渝石刻造像带的大足石刻等石刻造像形成了成组的图像与风格证据，对于研究佛教美术史和古代雕塑史都具有重要的价值。

在妆銮上，潼南大佛采用了全金装上五彩的妆銮，与大足石刻千手观音类似，都是在古代石刻史上少见的大面积贴金彩绘石刻。它结合了石刻艺术与建筑彩绘中的贴金工艺，而这种结合应与和该造像依存的大佛阁建筑有关，代表了一种独特的具有综合性的艺术形式，具有特殊的艺术价值。

除潼南大佛造像本身之外，大佛寺"七檐佛阁"在造型上颇似忠县"石宝寨"，也是我国古代建筑艺术卓越成就的体现。尤其是全琉璃顶的使用，将我国史志记载使用全琉璃的年代向前推了200余年；"七蹬琴声"也是我国古代四大回音建筑之一，对于建筑艺术史的研究有突出的价值。

千佛岩摩岩造像龛刻众多，接毗相邻、雕嵌玲珑、琢工精湛、风格上具有鲜明的"人性化"色彩；"西方三圣"造像，凿造于宋，人物众多，布局严谨，这些造像与潼南大佛共同形成的造像群，为研究该地区工匠聚落的艺术风格和工艺特征演变提供了更为完整、丰富的素材。

1.4.3　科学价值

潼南大佛造像雕刻历史跨越290余年，由不同时期工匠共同完成的作品在整体造型和工艺上和谐统一，显示了我国古代工匠对工艺传承的高度重视与卓越贡献。体量巨大的造像从设计到完成施工，历经了漫长的岁月，而完成的作品在构造上的完整性与稳定性也再次印证了古代设计师的智慧与胆识。

潼南大佛及大佛寺历史文化古迹也对古代建筑及建筑材料、建筑工艺的研究提供了宝贵实例。

第2章 历史沿革与工艺

2.1 大佛开凿源流考

据潼南县文物管理所原所长姜孝云等考据：潼南大佛的开凿起始年代有两种说法。传为隋的，以大佛东岩有隋代造像为据——大佛东岩所存造像中有 4 龛为隋代所做，3 龛为摩崖石刻高浮雕造像、1 龛为摩崖石刻浅浮雕画像，龛侧有年代明确的题记 2 则，一为"开皇十一年（591 年）作"；一为"大业六年（601 年）三月廿日作天尊像弟子杨佛赞敬记"。但这 4 龛隋代石刻均为道教造像，同时期作品中未见佛教造像——证明当时当地盛行宗教为道教，尚无证据说明佛教对此地的影响，也就无法证明潼南大佛开凿于此时。

传为唐的，其依据是大佛寺前殿右次间的木板枋壁上所刻之《新修大佛寺外殿落成记》。其中有"唐咸通中道士王了知旁巉岩凿大佛石像，壮严燦灿，疑出鬼斧神工"之字句，虽把南宋的王了知说成唐代的人，这是撰述者没有经过考究的误传，但却首次提出了唐咸通中开凿大佛、开凿者为王了知的观点。如该记年代属实，则大佛开凿始于 860～874 年之间。

而本次修复过程中，又在大佛头部前端的悬崖边上，新发现了一处唐、宋摩崖题刻（图 2-1）。题刻高 1.6m，宽 0.7m，共 2 则，上面一则刻"七月廿一日两人/长庆四年/十壹月十七下手三人/至十二月廿日/"，字径 3.5～18cm。另一侧位于其下方："丙午年三月三十日下半身/中江县……/至四月十五日/"，字径 5～9.5cm。

这则题刻明显为在唐代大佛凿刻的用工记录，为大佛开凿历史的考证提供了宝贵的证据，证明了唐长庆四年（824 年）时，大佛头部的开凿工程已在进行。故此亦可推断，大佛开凿应始于唐代，且不晚于 824 年。

据南宋乾道元年（1165 年）泸州安抚使冯楫所撰，凿刻于大佛造像外面右侧岩壁上的《皇宋遂宁县创造石佛记》摩岩碑载："有岩面江，古来有石镌大像，自顶至鼻，不知何代开凿，俗呼'大佛'。头后有池，靖康丙午，池内忽生瑞莲。是岁，有道者王了知自潼川中江来化邑人，命工展开像身，令与顶相称。身高八丈，耳、目、鼻、口、手、足、花座，悉皆称是。"——这段碑记也证明，这尊大佛早在宋靖康元年（1126 年）之前就已经有了佛头，但却无佛身，也说

图 2-1 头部前端悬崖侧面题记

图 2-2　南宋绍兴六年（1136 年）"蜀大饥"拓片

明大佛的开凿也远早于这个年代，从佛头的完成程度来看，很可能是工程尚未结束便中止了。而另一处摩岩题刻（图 2-2）记载，在佛身续凿之后的南宋绍兴六年（1136 年），"蜀大饥"，饿死者众，仅在当地就以浮屠之法火焚"流亡填委沟壑者几二百人"。然而，在这样严重影响工程进度、施工条件极不具备的境况下，佛身的续凿工程都未停止。那么在佛教极为鼎盛的唐代时期，这尊石佛的开凿工程却只完成了"自顶至鼻"的一小部分便半途而废了，其原因值得探讨。

从历史记载来看，在唐长庆四年（824 年）之后能迫使潼南大佛开凿工程半途而废的，只有一个重大历史事件：即黄巢起义军于唐广明元年（880 年）十二月二日一举拿下长安的东大门潼关，之后唐僖宗李儇弃长安仓皇逃往四川，大肆纠集四川的封建割据势力，利用四川地区的人力、物力对黄巢起义军进行疯狂反扑，从而直接影响到整个四川的人力、物力的稳定，这很可能便是迫使大佛建造工程只完成了一小部分便停辍的原因。

由此可以初步推断石佛首停工于唐广明二年或次年，即 880 年前后。而潼南大佛佛首的开凿时间则不晚于 824 年。

2.2　历史沿革与修缮情况概述

2.2.1　历史沿革

经过查阅和整理有关史料，并参照大佛寺现存具有明确纪年的题刻记载可知：

潼南大佛所依的定明山山巅有南禅寺，亦称南禅院，始建于唐咸通年间（860～874 年），为三层建筑。而佛头的开凿在此之前，不晚于 824 年。北宋治平年中（1064～1067 年）南禅寺被赐额为"定明院"。南宋初期，造像之风再盛，佛、道联合，雕凿了不少龛刻造像。据碑刻记载，宋"靖丙午年佛头之后的水池池内忽生瑞莲，是岁有道者王了知自潼川中江来化邑人，命工展开像身，令与顶相称。身高八丈，耳、目、鼻、口、手、足、花坐悉皆称是"。历 26 年，于绍兴二十一年（1151 年）竣工。整个佛像开凿工程虽分身、首两个阶段，时间跨度长达 327 年以上，完成的佛像但却浑然一体，并无拼凑之感。

南宋绍兴二十二年（1152 年），仲春二月，"佛已成，阁已成，唯缺严饰"。主僧德修又远赴泸南（今泸州）求得笃信佛教的敷文阁直学士、左中奉大夫、潼川府路兵马都佥令、辖泸南金彩装饰佛像，还亲自撰写《皇宋遂宁县勒造石佛记》，志其始末，使这尊大佛"如金山处于琉璃阁中，金碧争光，晃耀天际，遐迩具瞻，咸叹稀有"！明山西巡抚陈讲写下"岩悬绣阁云常住，江映金身影不流"的诗句，形象地描绘出大佛及佛阁的独特景象。此后，又经历清嘉庆七年（1802 年），清同治九年（1870 年）、民国十年（1921 年）三次重装金身，至今辉煌灿烂，光彩照人。

王了知命工开凿佛身的第二年，即南宋建炎元年（1127 年），逢涪江泛涨大水，不少巨大圆木冲至岩下，遂以木建阁，阁才建一层，了知便于绍兴五年（1135 年）去世。寺僧德修继之，并在道者蒲智用的通力协作下，增建佛阁通为五层，皆以琉璃瓦覆之，时称大像阁。直到清雍正六年（1728 年）才由邑人邓利成易其腐朽，换檐七重，称"七檐佛阁"。这座七檐佛阁为歇山式双重殿宇，有正殿和外殿之分。正殿依岩凿孔置枋，复檐四重即与山相平，上三重叠建山顶，飞檐翘角，雕梁画栋，莫不仰望而赞其神奇，骇其嵯峨，大有"萧寺遥藏白云顶，仰观万仞排嶙峋"之概。朝香拜佛者纷至沓来，尤以农历四月八日如来诞辰，香火特旺，殿中"士女如云，群疑为神"，民国元年（1912 年）始"鸠王庇材，增其新者，茸其旧者，易其腐朽者，治其漫漶者"。至民国三年（1914 年）建成面阔五间，进深为二间的外殿与正殿相连。

正殿左侧即宋之净戒院，后改称观音殿。民国三十四年（1945 年）毁于火，翌年重建为面阔三间、进深三间的双重檐歇山式建筑。观音殿左侧为民国十一年（1922 年）增建的面阔五间、进深为三间的单檐歇山式玉皇殿。正殿右侧，有始建于宋的阁楼式古亭——鉴亭。重重古刹，建造面积八百多平方米，一字形沿江排列，组成了一个佛道合流的古建筑群鉴亭、大像阁、观音殿、玉皇殿以及依山而建的七檐大像阁等，都统称大佛寺。

大佛寺摩崖造像于 1956 年被四川省公布为第一批省级文物保护单位。

1983～2002 年，潼南县人民政府、四川省人民政府、重庆市人民政府先后行文，建立文物保护机构，设置保护标志，规定保护范围。

1985 年初，在县委、县政府和有关单位的重视和支持下，在大佛殿外征用了 34 亩土地。得天独厚的旅游资源将得到进一步的开发，扩建成一个集自然风光、园林艺术、文物古迹为一体的新的旅游胜地。

1999 年，大佛寺景区于被评为重庆市风景名胜区。

2006 年，经重庆市文物局申报，大佛寺被国务院公布为第六批全国重点文物保护单位。

2006 年 8 月 28 日，在潼南县委和县政府的关怀下，成立了大佛寺景区管委会。

2.2.2　历史修缮情况概要

根据现存相关书面文献及实物文献记载，可知潼南大佛与大佛寺建筑群在历史上经历过多次维修：

绍兴二十二年（1152 年）：大佛首次贴金；

宋建炎元年（1127 年）：建造"大像阁"，佛像从露天环境转为室内环境；

元至正四年（1344 年）：右侧江岸上建于南宋初期的木结构亭"鉴亭"重修；

清嘉庆七年（1802 年）、同治九年（1870 年）和民国十年（1921 年）：分别进行了三次重妆（贴金）；

宣统三年至民国三年（1911～1914 年）："大像阁"前建"前殿"（山门）；

民国十一年（1932 年）：观音殿左侧建"玉皇殿"；

民国三十年（1941 年）："鉴亭"重建；

民国三十六年（1947 年）：在前殿左侧重建"观音殿"；

2.3　妆銮历史

2.3.1　历次贴金情况综述

据历代碑刻所记，潼南大佛经历了宋绍兴二十二年（1152 年）、清嘉庆七年（1802 年）、同治九年（1870 年）和民国十年（1921 年）四次装金。为了印证这一史实，潼南县文物保护管理所原所长姜孝云同志曾于 1986 年登上大佛左肩，在左耳背后隐蔽处金箔严重起翘区域，在约 2cm^2 的范围内尝试进行揭取，发现贴金层共有 4 层，与碑刻所记相符，且每一层使用的都是土漆粘贴金箔的工艺。此次修复工程，也可证实大佛历经的四次贴金，1、2、4 层金箔保存状态相对较好。第 4 层即民国十年贴金层的金箔层残存较多，但漆膜开裂也较严重（图 2 – 3）。

图 2 – 3　潼南大佛的多层贴金现象

民国十年贴金的漆膜较厚，在局部有明显的漆皱现象。漆膜起皱现象必然与漆液髹涂的厚度有关，造成起皱的直接原因通常是漆膜髹涂较厚，同时由于温度与湿度较高，漆液在结膜前流淌并自然堆积而形成（图 2 – 4）。

潼南大佛面部漆膜较厚，并伴有漆皱现象，而身躯部分虽然漆膜亦较厚，却未见漆皱现象，同时，躯干部分的漆膜密实坚硬、表面粗糙。说明大佛身躯在民国十年这次髹漆过程中，不但经过打磨，而且为达表面平整还经过多次髹漆。民国十年所装金箔分为 3 种型号，边长为 2.5cm 的主要用于左肩佩饰及佛身左侧，边长 5.2cm 的主要用于面部、胸部及右肩和手臂处，边长 6.3cm 的用于腹部及以下部位。佛身金箔，保存比较完好的主要分布在手肘、小腿和膝盖部位，其余部位的金箔变色、破损、起翘、脱落十分严重（图 2 – 5）。

图 2 – 4　大佛胎体的漆皱现象

图 2 – 5　大佛身体表面清理后裸露厚实的漆膜，金颗粒脱落严重

2.3.2　宋绍兴二十二年（1152 年）妆銮

对潼南大佛第一次妆銮的记载来源于南宋乾道乙酉《皇宋遂宁县创造石佛记》（1165 年）摩崖碑（图 2 – 6）。碑文中"主僧德修于绍兴壬申仲春远来泸南，告予（泸州安抚使冯楫）：'佛已成，阁已就，惟缺严饰'，化予妆銮，予/遂舍俸以金彩妆饰。妆成佛如金山，处于琉璃阁中，金碧争光，晃耀天际，遐迩具瞻，咸叹稀有"说明，大佛凿成之后，第一次妆銮的时间是南宋绍兴壬申年（1152 年），但并无用工、用时、用料的记载。

《皇宋遂宁县创造石佛记》碑镌刻于大佛造像窟外右壁，左侧距离岩壁边缘 155cm，垂直距离地面 375cm。通高 270cm，宽 178cm。碑文阴刻，碑额 10 字，自右至左横排，篆书，字高 25cm，宽 15cm；正文楷书，字径 5.5cm，从上到下，自右至左竖书；署款楷书，字径 3.5cm。为宋敷文阁直学士、时任泸州安抚使冯楫所撰，由太府少卿赵沂书写，于乾道乙酉中秋日（1165 年 9 月 21 日）刊石。

2.3.3　清嘉庆七年（1802 年）装金

清嘉庆七年（1802 年）《重装大佛金身序》（图 2 – 7）摩崖碑的碑文中有："近地有李君名思

贵，好善乐施，目睹天庙像灰隳穷久，心伤焉，有志未逮，适值匪贼逼临，震为一方祈福，乃未几，而贼倏驰遁。此非佛力之广大，庇荫乃定乎？于是捐赀金匠，毅然一人独任之，未越岁而告成。"此次为佛装金共费"银七佰贰拾两整"。

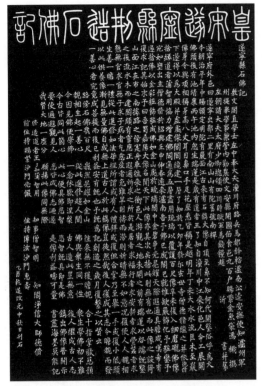

图 2-6　《皇宋遂宁县创造石佛记》
摩崖碑拓片

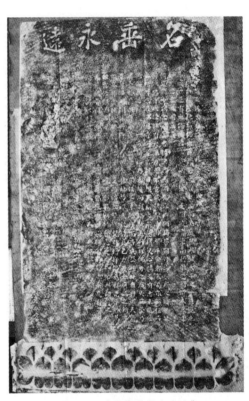

图 2-7　《重装大佛金身序》
摩崖碑拓片

此碑高 155cm，宽 101cm，位于大佛造像左腿前侧岩壁。左侧距岩壁边缘 30cm，垂直距地面 190cm。碑下莲花座高 26cm，宽 117cm。碑额横书"名垂永远"四大字，字径 13cm，碑身小字，径 3cm，楷书。成于嘉庆七年壬戌四月佛诞日（1802 年 5 月 9 日）。

2.3.4　清同治九年（1870 年）装金

据清同治九年（1870 年）《大佛装金记》（图 2-8）摩崖碑碑文记述："本朝嘉庆时李公捐赀彩饰焕然一新，迄今黄荚迁流，风雨剥蚀，慈光未改，法相蒙尘，何由肃瞻仰而妥神威？余昆弟等怦然心动，亦思募化众善，大其规模而襄金颇俗，独醵易成，未数月告竣，费银若干。"据此碑所载，此次装金用"佛金三十六万九千，共去钱六百串零三千二百文，画匠工价七十二串文，盖匠工价钱七十六串文，柏木去钱八串文，零用去钱十八串文，漆去钱五十三串文。"

《大佛装金记》碑文全文如下：

西方有圣人，曰"佛"。屏六尘，空五蕴，/去四相，扫三心；以清净为工夫，以/性宗为了悟，以涅槃为究竟，垂经/典于贝叶，示奥法于昙花，寂灭后/而复以象教，慈悲度人之意切矣。/此地乃巉崖绝壁，下瞰涪江，灵气/蟠结。大佛庄严，不识昉于何代。遐/迩焚香顶祝，竞奔走焉。历年久远/，栋宇倾颓，金容凋散。本朝嘉庆时/，李公捐赀彩饰，焕然一新。迄今

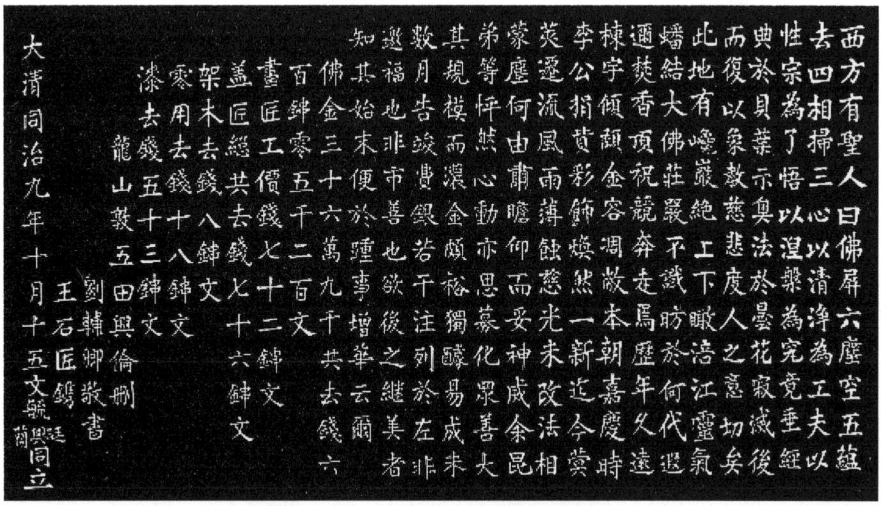
西方有聖人曰佛屏六塵空五蘊
去四相掃三心以清淨為工夫以
性宗為了悟以涅槃為究竟垂經
典於貝葉示奧法於曇花寂滅後
而復以象教慈悲度人之意切矣
此地有巉巖上下瞰浩江靈氣
蟠結大佛莊嚴絕不識昉於何代
通焚香頂祝競奔走焉歷年久遠
棟宇傾頹金容凋敝本朝嘉慶時
李公捐貲彩飾煥然一新迄今蓂
荚遷流風雨薄蝕慈光未改法相
蒙塵何由肅瞻仰而妥神威余昆
弟等怦然心動亦思募化衆善大
其規模而濃金頗裕獨醵易成未
數月告竣費銀若干注列於左非
邀福也非市善也欲後之繼美者
知其始末便於踵事增華云爾
佛金三十六萬九千共去錢六
百錍零五千二百文
書匠工價錢七十二錍文
蓋匠總共去錢七十六錍文
架木去錢八錍文
零用去錢十八錍文
漆去錢五十三錍文
龍山敦五田興倫刪
劉輔卿敬書
王石匠鐫
大清同治九年十月十五文毓廷興蘭同立

图2-8 《大佛装金记》摩崖碑拓片

蓂/荚迁流，风雨薄蚀，慈爱光未改，法相/蒙尘。何由肃瞻仰而妥神威。余昆/弟等怦然心动，亦思募化众善，大/其规模，而浓金颇裕，独醵易成。未/数月告竣，费银若干，注列于左，非/邀福也，非市善也。欲后之继美者/，知其始末，便于踵事增华云尔/。佛金三十六万九千，共去钱六/百串零五千二百文，书匠工价钱七十二串文/，盖匠总共去钱七十六串文/，架木去钱八串文/，零用去钱十八串文/，漆去钱五十三串文/。龙山敦五田兴伦删/刘辅卿敬书/王石匠镌/大清同治九年十月十五文毓廷兴兰同立

此碑镌刻于大佛造像右小腿右侧石壁，左临佛像衣纹，距离地面120cm。摩崖碑由田兴伦撰，刘辅卿书，高67cm，宽133.5cm，楷书，字径3.5~4cm。成于大清同治九年十月十五日（1870年11月7日）。

2.3.5 民国十年（1921年）妆銮

民国十年的妆銮情况，以摩崖石刻和木刻的方式记录，留存有大型摩崖碑二方、殿内栿壁木刻一方、挂匾一方，在大佛历史上四次装金的记录中是较为详尽的一次。此次除了有号召人们捐资的碑刻外，重要的是还在大佛前殿左侧大型栿壁上，阴刻有支付总录，明确记载：

付背光颜色去银壹圆半，去钱二十八仟七佰七十文；付背光工资去钱二十仟零七佰文；付佛金去银八佰三十一圓整计卅三万，去钱十伍仟七佰二十文；付买漆去银七佰六十七圓四角伍仙，去钱二十四仟一佰壹十文；付金漆工匠去钱一佰四十四仟七佰四十文；付盖匠石木匠去银十二圓半，去钱伍仟六佰四十文正；付石灰去银四圓正，去钱十三仟五佰四十文；付石膏共重二千八百斤，总共付去银壹千八百元零一元〇五仙，钱八百贰十五千〇六十文；计装金三十六万六千张。

按民国十年计量，2800斤石膏，每斤为595g，共折合1666000g即1666kg。

《通明首相武圣帝君装大佛金身序》（图2-9）摩崖碑文：

通明首相武圣帝君装大佛金身序下马寓景诗/

东禅彩画古观音，下县重装大佛金；/

图 2-9　民国十年镌刻于大佛正殿右侧山崖上的摩崖碑拓片

白塔白蟾同凤蔫，红岩红鲤化龙吟。/
夏阳黄帐千声佛，秋月翠屏七步琴；/
朗朗文星山顶照，梓潼默赐广词林。/
又集附近场市诗一首/
王家龙德又田家，官溅高楼柏梓斜；/
五桂复兴塘坝种，观音遥镇双江槎。序云/

盖闻法身清静，本来灿烂如金，佛性慈悲，原是光明/似玉，故金姿玉质，妙相圣容，不待世人以黄金华饰，/朱彩巧装，自现百千万亿毫光，普照九州万国，处处/晶莹，遍烛六道四生，般般脱化者也。是以西方有圣/人，名之曰"佛"。孔子深为之景仰其道德，而赞美其教/化。后汉明帝夜梦金人，始识佛之圣像，而佛教方入/中国及达摩奉佛旨而阐教东土，以袈裟为凭，法钵/取信。由是，慈云法雨泽滋震旦之乾坤，见性明心，法/授中邦之人士，了生死之门，诲虚无之道。中原人民/因佛之慈悲而生慈悲，善者勉力而更为善，恶者悛/改而永不为恶，上佐帝王之仁化，下启黎庶之淳风/。猗欤休哉？佛之功德无量矣！潼南之北三里许，有古/刹焉，名曰"大佛寺"。庙貌耸盈百尺，法身高出八寻。宝/殿宏开，七层焕彩。佛书长大，二丈流光。境多美景，地/著仙踪。千佛岩前灵芝瑞草，七弦谱内流水高山；秋/月挂于翠屏，佛身坐于黄帐；麻鹊崖中花香鸟语，文/风阁外鱼跃鸢飞；名公巨卿流觞于曲水，佳人才子/戛玉而敲金；崖壁图书龙蛇飞舞，江河环绕舟楫往/来。其景之盛，不亚于天竺之雷音者也。其寺建于宋/之马王二生塑庄严之法像。由是，士民之瞻仰拜祷，/祈福者获福，禳灾者消灾，香火历朝皆盛。迨至清时，/邑之文生，独装金而放光华。世远年湮，庙貌倾颓，金/身减色。唐子景鉴倡首阔修大殿，功圆果证而仙去。/邓生利成换梁七重，焕然一新，红册早已注名。陈生/凤华禹僧岳灵性素慷慨，心具慈仁，睹佛金之黯淡，/欲装修而无由。因之，约集合邑善士同来赞襄义举。/此心此志，何其诚也。今廖生定一来坛请某作序。某/何序乎？惟/冀陈生倡之于前，众义士赞之于后，果能/遵某之训，/应募而出功资，富者加以福泽，贵者升以/禄位，求名/而得名，求利而得利；染病者可愈，应死者/得生，无嗣而赐以麟儿，无寿而添以鹤算；

一身好善/者，一家可免灾，一乡好善者，一方皆逃劫。尔生民人/等，急急乐助镏铢，某订红册，与尔注善，后日赏善之/果报，与今/日某言前后相应，断然不变矣。想某也汉/室故臣，常存浩气，通明首相，素著佛心。因尔生之/真诚，以感某之精灵，故乐而为之序。云尔。

民国十年岁次辛酉佛诞日徐香浦书众姓弟子立/匠师贾玉州刊镌

该碑位于大像阁右侧11m，距离地面5.3m，碑文为徐香浦楷书，高190cm，宽570cm，字径8cm。左右题联，上联刻"快来念佛"，下联刻"同去烧香"，字径36cm，行书。顶部额书"神威普镇"四大字，字径90cm，字间加注，字径7~9cm，行书，高150cm，宽620cm。成于民国十年岁次辛酉佛诞日（1921年5月15日）。

《大佛装金彩花募捐碑记》（图2-10）碑文：

大佛装金彩化募捐碑记/

序文沏石，兹不烦赘，谨将经理/募捐次第例后/总领夏吁门邓万顺住持僧圆全徒明性捐钱贰百串正/募捐首事/文玉田来银九十四圆整/僧岳灵来银一伯一十四圆半来钱八十六千文（下略）

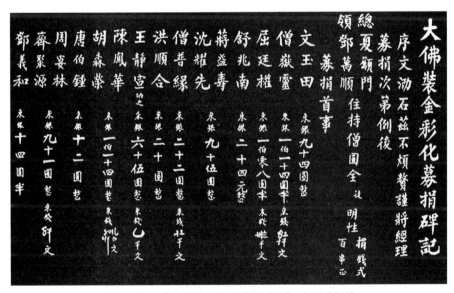

图2-10 《大佛装金彩化募捐碑记》木刻碑拓片

《大佛装金彩化募捐碑记》为匾状，长74cm，宽43cm，刻字21行，楷书，字迹填金，标题字径4cm，余字径3.2cm。用铁钉将该碑记匾钉在前殿左次间临近檐墙的栿壁顶端。匾状碑记上所录募捐首事还有僧岳灵、屈廷权、舒兆南、蒋益寿、沈耀先、僧普缘、洪顺合、王静宣、陈凤华、胡森荣、唐伯钟、周宴林、齐聚源、邓义和，计募捐首事十五位。

匾状碑记下面的栿壁之上，分列20排镌刻律字号、瑞字号、水字号等捐资者姓名及捐资金额。略。高350cm，宽264cm，楷书86行，计5490字。上部字径2cm，下部字径1~1.5cm。其栿壁末尾的最下端，记有装金支付总录（图2-11）。

装金支付总录/付请客酒水去银伍十三圆整/去钱壹佰三十二仟贰十文/付架木火食工资去钱十四仟三佰二十四文/付背光颜色去银壹圆半/去钱二十八仟七佰七十文/付背光工资去钱二十仟零七佰文/付各款杂用去银六元半/去钱二十一仟一佰四十文/付各样钉子去钱二仟七佰文/

图 2-11　　《装金支付总录及彩画支付总录》拓片

付楼板柏枋沙枋去银二圆整/去钱六十伍仟八佰二十文/付缘薄纸扎去钱十仟零伍佰二十文/付佛金去银八佰三十一圆整计卅三万/去钱十伍仟七佰二十文/付雕印去钱陆千文整/付买漆去银七佰六十七圆四角伍仙/去钱二十四仟一佰壹十文/付金漆工匠去钱一佰四十四仟七佰四十文/付盖匠石木匠去银十二圆半/去钱伍仟六佰四十文正/付戏钱去银四十元正/付送礼去银七圆半/去钱十伍仟二佰七十文/付石灰去银四圆正/去钱十三仟五佰四十文/付火食去银七十伍元六角黄谷四石正/去钱三佰钏零三仟六百卅文/刘惠生邓俊三出/付石膏共重二千八百斤/总共付去银壹千八百元零一元〇五仙/钱八百贰十五千〇六十文/计装金三十六万六千张/

　　彩画支付总录/付匾对佛金去银伍十四元正/去钱四百文正/付匾对漆资去银七十七圆三角七仙/付颜色桐油去银三圆整/去钱三十四仟文正/付锡薄去银三圆八角正/付木料去银壹圆正/去钱伍仟零四十文/付镌对序去钱伍十二仟三佰文/付木工去银壹圆半/去钱一仟四佰文正/付石工去钱十七仟三佰文/付杂用去银四元正/去钱十一仟七佰文/付金漆工去钱七十七仟九佰一十文/付火食去钱壹佰零二仟一佰二十文/付石灰去钱十仟〇〇二十文/付买砖去钱三十八仟七佰六十文/付镌功果碑去钱三十五千三百二十文/共去银一百四十三元六角七仙/共去钱三百八十六千一百卅十文正/付关刀石与本寺贴金贰万五千张/去银陆拾贰元半正/付字库砖石工匠石灰去九拾二千文/付金漆匠师漆钱去银陆元正/凭众清算品除两清。

装金支付总录镌刻于大佛前殿左次间栿壁尾端，高 350cm，宽 280cm，字径 2.5～3cm。镌刻时间为民国十年（1921 年）。

2.4　潼南大佛装饰工艺及材料研究

重庆潼南大佛是一尊开凿在天然崖壁上的巨型摩崖石刻，跨越了唐、宋、元、明、清、民国等不同时期，是我国川渝地区石刻雕凿与贴金、彩绘工艺相结合的代表作之一，具有明显的地域特色。在本次修复工程中，通过对文物本体多种材质的材料分析、对古代文献的梳理、对当地传统工艺的研究以及对掌握传统工艺的当地工匠的采访学习，系统而详细地研究了潼南大佛的工艺。

2.4.1　大佛整体制作工艺概述

潼南大佛整体制作工艺可概括如下（图 2-12）：

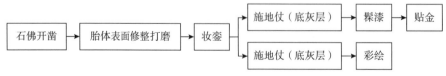

图 2-12　潼南大佛整体制作工艺框架

　　潼南大佛的妆銮规格为全金妆上五彩，妆銮工艺分为贴金及彩绘两类，总体来说以贴金为主，局部饰以彩绘，这两种工艺在大佛表面分布情况参见潼南大佛表面贴金、彩绘工艺分布示意图（图 2 - 13）。

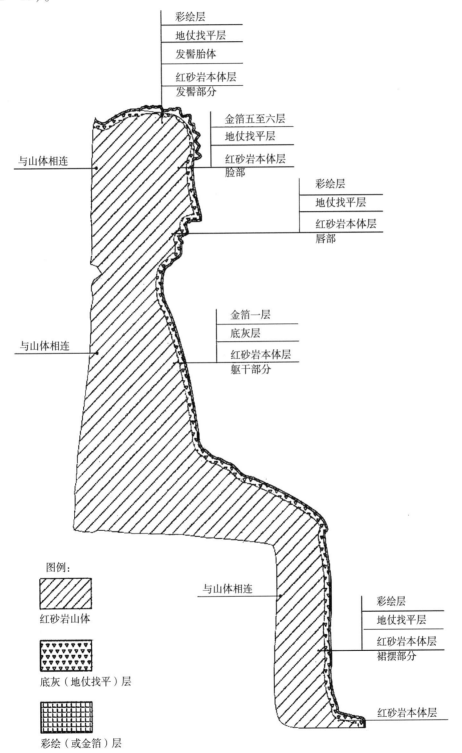

彩绘层
地仗找平层
发髻胎体
红砂岩本体层
发髻部分

金箔五至六层
地仗找平层
红砂岩本体层
脸部

彩绘层
地仗找平层
红砂岩本体层
唇部

金箔一层
底灰层
红砂岩本体层
躯干部分

与山体相连

与山体相连

与山体相连

彩绘层
地仗找平层
红砂岩本体层
裙摆部分

红砂岩本体层

图例：

红砂岩山体

底灰（地仗找平）层

彩绘（或金箔）层

图 2 - 13　潼南大佛表面贴金、彩绘工艺分布示意图

妆銮层的分层结构如下（图 2 - 14、2 - 15）：

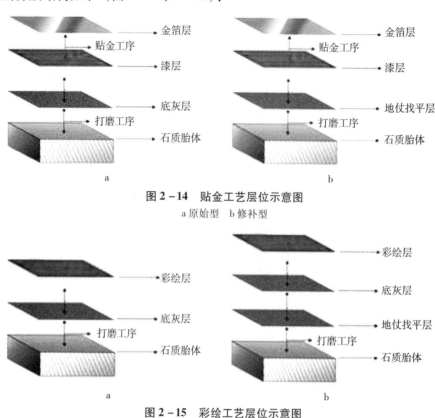

图 2 - 14　贴金工艺层位示意图
a 原始型　b 修补型

图 2 - 15　彩绘工艺层位示意图
a 原始型　b 修补型

在潼南大佛的表面妆銮中，无论是贴金还是彩绘，大部分都是做于岩石胎体表面的地仗层（底灰层）上的，也有一些贴金是做在找平层上的。

经调查，传统髹漆贴金工艺的基本流程见图 2 - 16。在这种工艺中，髹漆起到的作用主要是封护胎体和黏结金箔。

髹漆采用的是多层叠加的方法，每涂施一层都需再晾干后进行打磨，打磨的作用是造成粗糙表面，增加底灰层和漆膜层与上方层次之间的附着力。

此外，通过调查可知，在传统漆工艺中，还一直存在"擦漆"这道工艺，即在器物表面擦拭一道很薄的漆膜，既对表面起到加固保护作用，又因大漆优良的粘接性能而对金箔起到牢固的粘接作用——即便是纳米级厚度的漆膜同有效。该工艺又因功能差异而以"开清"和"春庆涂"等不同的名称进行区分，但其基本原理相同。贴金完成后，漆膜和金箔会形成非常紧密的结合，成为相对稳定的金箔漆膜复合层。

下面将按材质的结构层次来分析潼南大佛所使用材料的物质构成。

2.4.2　石质胎体

前期研究阶段，对岩石胎体材质的分析采用了透光显微镜、Philips X'pert PANalytical 多晶 X 射线衍射仪（XRD）、美国 EDAX，XRF - 1800 型的 MicroXRF Analysis X 射线荧光全元素分析仪（XRF）。

取与大佛山体相连的新鲜基岩，经透光显微镜做岩相检测其构造，为砂屑结构，块状构造，砂

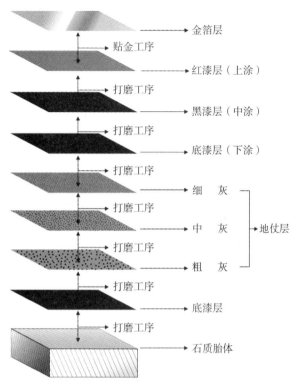

图 2-16 传统髹漆贴金工艺流程图

屑成分主要为石英、长石，少量白云母，胶结物成分主要为碳酸盐和褐铁矿，砂屑粒度为 0.05 ~ 0.10mm，砂屑形状为次棱角 ~ 棱角状，属于红色细粒长英质砂岩，见图 2-17。测试分析表明，大佛本体基岩主要为石英、长石的红色细粒长英质砂岩。

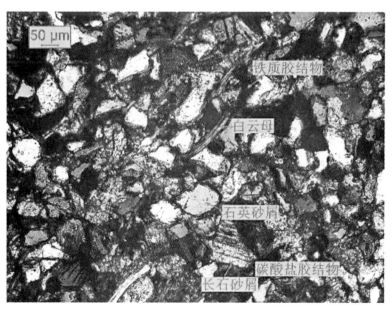

图 2-17 新鲜岩石透光显微镜（正交偏光）放大 160 倍

检测结果如下（表 2-1、2-2）：

表 2 - 1　新鲜岩石分析结果

采样点	分析手段	结果
新鲜岩石	XRD	石英、高岭石，包括少量方解石、钠长石、云母等
新鲜岩石	XRF	长英质砂岩

表 2 - 2　X 射线荧光光谱仪（XRF）检测分析成分含量

成分	质量百分含量（%）	成分	质量百分含量（%）
SiO_2	56.7	V	0.006
Al_2O_3	10.6	Zn	0.007
Fe_2O_3	2.94	Rb	0.006
MgO	2.32	Zr	0.02
CaO	9.0	Ba	0.09
Na_2O	2.17	F	0.06
K_2O	1.60	Mn	0.08
S	0.02	Ti	0.07

检测证明，和潼南、大足石刻艺术群大部分造像一样，潼南大佛的胎体也是较为柔软的石英砂岩，这是一种比较易于雕凿的岩石，但同时也具有容易风化的缺点。

2.4.3　胎体修整找平层

由于岩体个别部位存在着天然缺陷，或出于修型、后期修复的需要，古代工匠会使用一些其他材料在岩石胎体表面的某些部位进行修整或找平。调查过程中发现，肩膀处 S - 7 - 1、佛身侧面 S - 7 - 2、裙摆处 1 - 3、胸部 6 - 1 等部位都存在找平层。找平层的厚度不一，大部分均较薄，但局部如肩膀部位超过 1cm。

图 2 - 18 为一处后期修补的检测照片，从图 2 - 18b 中可见地仗找平层为白色泛绿，有发霉的迹象，且表面多空洞、质地疏松，应与此处空气相对湿度高有关。

为分析修补找平层的晶相、元素组成、石膏拉曼峰、层位关系等，采用了 Philips X'pert PANalytical 多晶 X 射线衍射仪（XRD）、美国 EDAX，XRF - 1800 型的 MicroXRF Analysis X 射线荧光全元素分析仪（XRF）、LABRAM 法国 DiLor SA 拉曼光谱仪（Raman）、相机、尼康 LV150/LV100D 金相显微镜等多种手段。检测结果见表 2 - 3：

表 2 - 3　地仗找平层分析结果表

采样点	分析手段	结果
S - 7 - 2	XRD	石膏、石英、高岭石、方解石、伊利石、绿泥石等
S - 7 - 2	XRF	C、O、Ca、Si、Mg、S、Fe、Al
1 - 3	Raman	石膏
S - H2 - 4	IR	石灰、石膏

a   b

图 2 – 18　后期修补的部位检测照片

a 1 – 4 区域照片　b 金相显微镜图

2.4.4　地仗层（底灰层）

对底灰层晶相和层位关系的分析采用了 Philips X'pert PANalytical 多晶 X 射线衍射仪（XRD）、尼康 LV150/LV100D 金相显微镜。

2.4.4.1　晶相

取正立面 2 – 2 底灰层样品，经过 XRD 分析显示其组分为碳酸钙（$CaCO_3$），可推测底灰层的填充成分为白垩，胶合材料可能为动物胶。

2.4.4.2　层位关系

底灰层的一般厚度为 1～3mm（图 2 – 19），在图 2 – 19b 中可以看到，金箔漆膜复合层下方即为泛白色的底灰层。

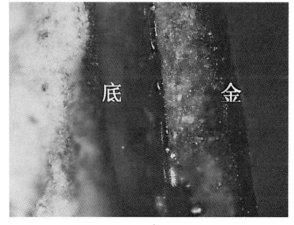

a   b

图 2 – 19　H3 – 2 底灰层照

a 取样位置照相　b 金相显微镜照相

经现场勘察，潼南大佛的地仗层（底灰层）主要有以下几种形态（图 2 - 20 ~ 2 - 24）：

图 2 - 20　白色地仗

图 2 - 21　灰绿色地仗

图 2 - 22　杂色地仗

图 2 - 23　带裱纸的地仗

图 2 - 24　带有裱纸地仗剖面，地仗为铁红色

2.4.5 金箔漆膜复合层

潼南大佛贴金所用的是髹漆贴金工艺，是在底灰层上通过髹漆形成漆膜，并将金箔贴在漆膜表面，形成金箔漆膜复合层的工艺。

2.4.5.1 漆膜

根据文献的记载和对民间工匠的走访，可知传统髹漆贴金工艺中使用的漆料为天然生漆、熟漆及漆与桐油、朱砂的混合物。髹漆的过程通常包括配比不同的若干个层次，而这些层最终会结合成为一层坚韧防水的漆膜，用来黏附和承载金箔。

潼南大佛表面漆膜层微观形貌、无机元素晶相、有机物质红外光谱的分析采用了相机、尼康 LV150/LV100D 金相显微镜、X'pert PANalytical 多晶 X 射线衍射仪（XRD）、Perkinelmer Spotlight 200 型红外光谱仪（IR）。

1）微观形貌

在显微镜下照相（图 2-25）中可以看到，金箔下的漆层为发亮的点状暗红色物质。

图 2-25 H6-4 金下漆层照片图

2）检测结果（表 2-4）

表 2-4 金箔下漆层成分分析结果

采样点	分析手段	结果
H6-4	XRD	HgS
H6-4（后期）	IR	桐油、大漆
H3-2（早期）	IR	桐油、大漆

通过以上结果可以看出，潼南大佛表面漆膜层的主要成分正是桐油、大漆和朱砂，与文献记载和流传至今的工艺相符。由于潼南大佛经历过多次重妆，许多部位在重妆时新的髹漆贴金层是直接覆盖在旧金箔表面的，形成了多层叠压的结构。而不同层漆膜的红外光谱均与大漆及桐油的叠加峰吻合。有着上千年历史的有机物无法单凭红外光谱来鉴定，但现代技术还难以对固化且风化了千年的有机物进行有效萃取，因此无法对其进行色谱仪等测试。

2.4.5.2 金箔

使用黄金打制而成的金箔自古就被用于彩绘和造像的妆銮。金箔的制作一直延续至今，但制作工艺和手段已产生了变化。

对潼南大佛表面金箔微观形貌、元素组成、组成物质含量的分析，采用了相机、尼康 LV150/LV100D 金相显微镜、HITACHI 的 S‑4800 型扫描电子显微镜（SEM）、X 射线荧光全元素分析仪（XRF）、PHI Quantum 2000 X 射线光电子能谱仪（XPS）。

1）微观形貌

对金箔表面微观结构进行的测试和研究表明，表层金箔表面覆盖有灰尘颗粒，整体上处于胶结力较差，多处裂隙发育的状态（图 2‑26）。

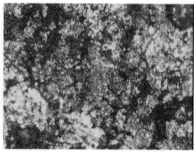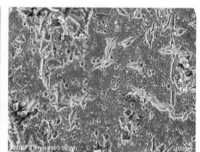

图 2‑26　H6‑4 金箔照片图

2）检测结果（表 2‑5）

表 2‑5　金箔成分分析结果

采样点	分析手段	结果
2‑4	XRF	Au（主要成分）、C、O、Ca、Al
10 个样点	XPS	Au（87.9%～100%）、Ag（0～12.1%）
H6‑4	XRD	Au

检测证明潼南大佛表面金箔层的主要成分为金（Au），部分金箔中还含有少量的银（Ag）。

关于金箔的厚度——目前市售（南京金箔厂）金箔单层 0.1μm，由于现场调查中无法获取单层（未带黏结层），所测得的金箔层厚度约达 1.5μm，推测可能为金下漆膜层厚度较大所致。

2.4.6　彩绘颜料

潼南大佛表面妆銮彩绘所用的颜料主要有黑、蓝、红、黄等几种颜色，集中分布在头部、胸部、下部裙摆等部位。

对彩绘颜料层的微观形貌、无机元素晶相、有机物质红外光谱分析采用了相机、尼康 LV150/LV100D 金相显微镜、X'pert PANalytical 多晶 X 射线衍射仪（XRD）、Perkinelmer Spotlight 200 型红外光谱仪（IR）。

测试结果（表 2‑6）表明：分布在发髻、眉毛、眼睛、嘴唇、裙摆部位的黑色为炭黑；左眼角部位残留的深蓝色颜料为蓝铜矿——碱式碳酸铜；红色无机颜料仅存于嘴角部位——经检测为朱砂；黄色颜料的取样部位主要有三处，成分有两种：为 $Pb_2Sb_2O_7$ 和 $ZnCrO_4$。

表 2-6　彩绘颜料分析结果

编号	采样点	颜色	分析手段	结果
1	发髻 f3-19	黑色	SEM、Raman、XRF、XRD、IR、显微	颜料：炭黑
				粘接物：酰胺类含苯环有机物
2	H5-2 眼角	蓝色	Raman、显微	蓝铜矿——碱式碳酸铜
3	H3-3 嘴角	红色	Raman、显微	朱砂
	1-4 裙摆	红色	IR、XRF、显微	非矿物颜料
4	1-2 裙摆	黄色	Raman、显微	$Pb_2Sb_2O_7$
	6-1 胸部	黄色	Raman、显微	$ZnCrO_4$
	4-3 指甲盖	黄色	Raman、XRD、显微	$ZnCrO_4$

2.4.7　重妆形成的多层叠压现象

潼南大佛自开凿至完成，经历了多次维护与修整，现场考察表明，大佛存在数次重妆（重彩、重贴金）。

经现场显微成像仪分析，在大佛不同的部位贴金的次数有所不同，部分区域存在多次贴金现象，尤其脸部——贴金次数最多处可见 4 层金箔（图 2-27 为揭取的表面 4 层），面部贴金层数统计结果见表 2-7。躯干部分——经显微成像仪分析多为单层贴金，局部也有双层现象（图 2-28）。

 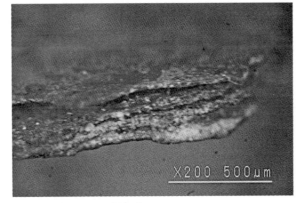

图 2-27　鼻孔处金箔开裂及金层显微照片

表 2-7　潼南大佛面部贴金层数统计

典型区域	贴金层数
下颚部位 H-2-4	4
脖子部位	2
鼻孔仰视处	5
右侧下脸颊 H-2-2	2

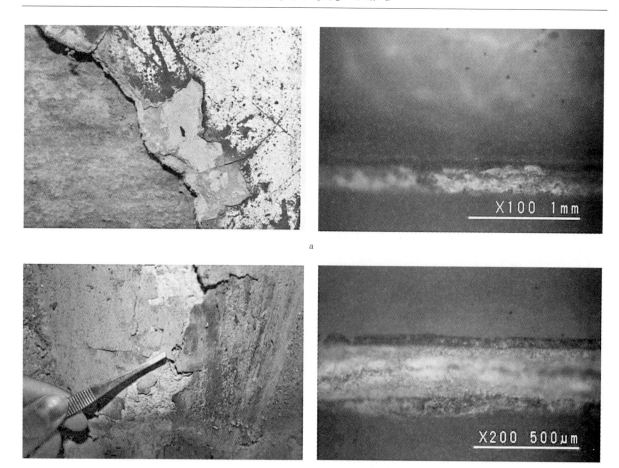

图 2 - 28　躯干贴金层显微照片

a 躯干右侧 S3 - 1 为 1 层　　b 躯干左侧 N6 - 3 为 2 层

除贴金部分之外，彩绘部分也存在着重层现象，如图 2 - 29。

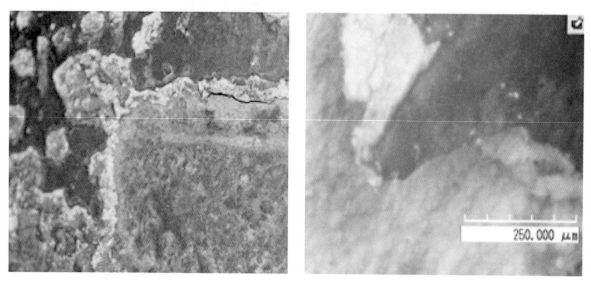

图 2 - 29　多层彩绘显微照片

2.4.8　潼南大佛发髻的形制与工艺

修复前，潼南大佛的发髻大量缺损，因初始开凿年代久远，原貌无从考证。大佛现存石质发髻60个，主要位于下方三排，排列有序，应为唐代原物。螺髻基本遵守了从中间向两侧分别旋转的规律。这部分螺髻也为上部发髻原貌的推测和修复提供了最基础的依据（图2-30）。

图2-30　下部三层发髻年代最久，保存最好

图2-31　顶部发髻缺失

其余的发髻则为泥塑，自石质发髻向上依次排列，螺髻旋转方向杂乱。大佛顶部发髻缺失，从暴露的石胎表面可以看到工具开凿的痕迹（图2-31）。现有的泥塑发髻体现出的工艺方式具有共同点，典型工艺是在石质基座上竖立木骨——木骨分为中心竖立和分散竖立两种——之后在木骨上缠麻后泥塑成型。

由此可知，古代工匠在处理发髻部分时就采用了装配工艺，部分螺发配件为石雕，部分为木骨架泥塑，这也是这尊造像结合多种工艺的证据之一（图2-32、2-33）。

图2-32　从木骨上脱落下的泥制发髻

图2-33　不同时期修复痕迹

调查过程中，还发现部分发髻的泥胎和表层彩绘层之间可见纤维层。在对传统艺人的采访中，了解到传统做法中有在泥胎外包麻，以达到减少泥胎开裂目的的做法。通过对纤维进行取样分析，发现的纤维层为麻纤维，但未被分丝帚化，不具备处理后的纸张纤维特征（图2-34、2-35）。

图 2 - 34　发髻泥胎外的纤维层

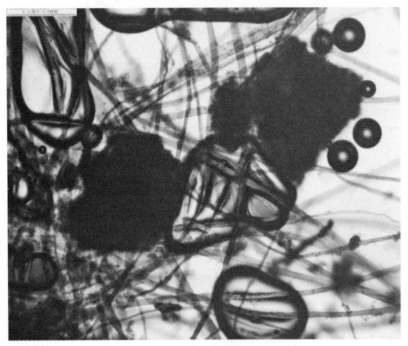

图 2 - 35　纤维染色后的显微照片

通过对现存泥制发髻现状、工艺、材料的调查，也分辨出不同历史时期维修妆銮的工艺特征。

2.5　工艺及材质的新发现

在对潼南大佛的工艺调查过程中，工作组还发现了一些特殊的现象：

2.5.1　大佛额头白毫部位环形痕迹

揭取大佛额头部位泡状起甲的金箔漆膜复合层，可见白毫位置有正圆形痕迹（图 2 - 36），初步推测为漆膜或胎体凹痕，应为佛像初凿时期白毫部位圆形凹坑或镶嵌装饰物轮廓，重妆过程中将此处填平并在表面贴金。

图 2 - 36　大佛额头白毫部位环形痕迹　　　　　　　　图 2 - 37　眼珠部位为木质基底

2.5.2　眼珠部位为木质基底

大佛左眼彩绘层开裂起翘，敲击、观察，敲击声似木材，确定眼珠部位彩绘下为木质基底（图 2 - 37），右侧眼珠表面彩绘完好，敲击反应与左侧相同。

2.5.3　对眉形设计的更改

大佛右眉弓金箔及色层缺损处可见下层彩绘——与表层位置不吻合的（图 2 - 38），证实在重妆过程中对眉形设计进行过更改，表层彩绘的眉形较下层细且短，就审美视觉效果而言，早期的眉形更为适合和美观。

2.5.4　局部地仗表面可见裱纸层

在大佛颈部和左侧腰部，收集到地仗表面带有裱纸的样品（图 2 - 39）。可知彩绘泥塑造像装銮中有使用裱纸的工艺传统。而此处应用裱纸层的目的尚待进一步研究，有可能是对传统泥塑装銮工艺的一般性遵循；也可能还存在表面局部加固用意。

图 2 - 38　对眉形设计的更改　　　　　　　　　　图 2 - 39　局部地仗表面可见裱纸层

第 3 章 病害现状与评估

对潼南大佛病害状况的调查与评估分为两个阶段：第一个阶段是修复工程正式启动前，在编制前期设计方案时所作，是在未大面积干预的基础上完成的（详见附件 2，本章中对应 3.1 ~ 3.5 部分）；第二个阶段是在 2010 年 9 月修复工程启动后进行的（本章中 3.5 ~ 3.7 部分），这一阶段的调查运用了更多的设备手段，还伴随着更多的现场实验，在认识层次上较前一阶段更为深入，对修复工作有着更为切实的指导作用。工程启动后，工作组还根据合同规定的任务目标在大佛头部和躯干隐蔽部位进行了小样区除尘、清洗（干性和湿性）、金箔回贴和揭取等试验。试验过程中暴露了一些前期方案中没有涉及的问题。技术人员针对这些问题进行了分析、研究并提出了相应的对策。

3.1 大佛所处地地质环境

潼南大佛是开凿在石崖上的摩崖石刻，属于典型的大型不可移动文物，文物的本体也是山崖岩体的一个部分，因此对文物本体的调查也包括大佛所处地地质环境的勘测。

2009 年度项目协作方中国地质大学（武汉）组织相关人员对潼南大佛及其周边环境进行工程地质勘察，该次工程地质勘察查明了大佛寺景区的工程地质、水文地质条件，大佛的岩性结构，详细调查大佛的工程地质病害，为保护工程设计提供科学依据，详见附录潼南大佛地质勘察报告部分。勘察结论与相关建议如下：

1）场区内地质构造较简单，未见褶曲。总体而言，区域稳定性较好。受区域构造的影响主要发育有三组裂隙，分别为构造裂隙、卸荷裂隙和层面裂隙。其中构造裂隙、卸荷裂隙对陡崖岩体稳定性影响较大，产状分别为 115° ~ 145° ∠80° ~ 85° 和 25° ~ 55° ∠70° ~ 80°（表 3 - 1）。

表 3 - 1 潼南大佛寺砂岩陡崖裂隙调查成果表

隙号	裂隙产状（°）	隙宽（cm）	描述
J1	138∠69	上部 5 ~ 8，下部 0.3 ~ 0.5	构造裂隙，沿裂隙发育冲沟，裂隙面粗糙，有黏土充填，裂隙上部隙宽较大，下部变窄
J2	70∠80	0.5	构造裂隙，裂隙面平直，无充填
J3	25∠85	2 ~ 3	卸荷裂隙，无充填
J4	105∠85	10 ~ 15	卸荷裂隙，无充填，裂隙面弯曲
J5	20∠80	0.2	卸荷裂隙，泥土充填

续表

隙号	裂隙产状（°）	隙宽（cm）	描述
J6	136∠	2~3	构造裂隙，碎石土充填，裂隙面粗糙
J7	25∠85	1~2	卸荷裂隙，隙间有树根发育，裂隙延伸至崖顶
J8	120∠83	0.2	构造裂隙，无充填，裂隙弯曲
J9	48∠82	0.1	卸荷裂隙，无充填
J10	130∠85	0.2	构造裂隙，延伸至崖顶，无充填
J11	110∠80	0.1	构造裂隙，延伸至崖顶，无充填，裂隙面弯曲
J12	40∠80	1~3	卸荷裂隙，延伸至崖顶，无充填
J13	80∠85	30~50	构造裂隙，裂隙面粗糙，裂隙中设有下水管道
J14	158∠83	1~3	卸荷裂隙，无充填，裂隙面弯曲
J15	35∠85	闭合	构造裂隙，无充填，裂隙面弯曲
J16	30∠70	0.1~0.3	卸荷裂隙，无充填，岩体较破碎，裂隙弯曲
J17	55∠85	0.1~0.2	构造裂隙，裂隙弯曲，无充填
J18	102∠70	1~2	构造裂隙，裂隙延伸至崖顶，裂隙间有草木生长
J19	120∠85	0.2~0.3	构造裂隙，延伸至崖顶
J20	255∠87	0.5~1	构造裂隙，略显波状起伏，下部有泥质充填
J21	15∠75	0.2	卸荷裂隙，平行于崖壁，裂隙面平直，无充填
J22	50∠86	100~150	卸荷裂隙，内有碎石土充填，有树木生长，切穿了玉皇殿后的岩体
J23	50∠83	8~25	卸荷裂隙，沿裂隙有树木生长，裂隙面粗糙
J24	55∠70~85	0.1	卸荷裂隙，顺崖壁呈弧形，倾角上部较小，下部较大

2）大佛寺内陡崖的地层岩性为侏罗系中统上沙溪庙组（J2s）中厚层~巨厚层状石英长石砂岩，中细粒结构，钙质胶结。砂岩陡崖下部为紫红色泥岩夹薄层状砂岩。砂岩陡崖顶部覆盖第四系更新统（Q3）褐黄色含砾石粉质黏土。覆盖层厚度4~6m。

3）潼南大佛陡崖的岩性结构以中厚层~巨厚层状砂岩为主，其中发育有3层泥岩夹层。总体上看，岩体的完整性较好。崖体砂岩为软岩，局部风化，景区砂岩的岩体基本质量等级为Ⅲ级。大佛寺建筑地基为泥岩，岩石强度为极软岩，表面风化，泥岩的岩体基本质量等级为Ⅳ级。大佛寺砂岩和泥岩的软化系数较小，软化性强，抗冻性和抗风化能力弱，属于工程地质性质较差的岩石。

4）研究区内北以涪江、大桥沟为界，南以佛湾至石碾村为界东以小桥湾冲沟为界，西以佛湾的冲沟为界，构成一个相对独立的水文地质单元。陡崖顶部的地貌为坪顶状丘陵。砂岩陡崖顶部覆盖有第四系松散堆积物，厚度4~6m。大佛寺上方为崖顶的汇水洼地，分布有水田、放生池、水塘鱼塘等。潼南大佛的头顶犹如顶着一盆水，这是造成大佛寺渗水的主要原因。陡崖砂岩岩体中发育的构造裂隙、层面裂隙和卸荷裂隙相互交切构成岩体渗流通道和储存空间。地下水主要在岩体裂隙网络中渗流。因此，大佛寺的渗水主要是基岩裂隙水。研究区内的地下水补给来源主要是大气降水和崖顶的生产生活用水。大气降水和生活用水在第四系松散堆积体中垂直渗流。在砂岩裂隙网络中沿倾斜的构造裂隙和卸荷裂隙产生向下的垂直渗流，沿层面裂隙或砂岩泥岩的交界面产生水平方向的渗流，总的渗流方向是由砂岩陡崖顶部通过岩土体朝向涪江渗流。研究区内以涪江为排泄基准面。地下水在陡崖下部以泉水的形式排泄或以潜流的形式向涪江排泄。当陡崖切穿含水裂隙时，就会在陡崖上出现渗水或泉水（图 3 - 1）。

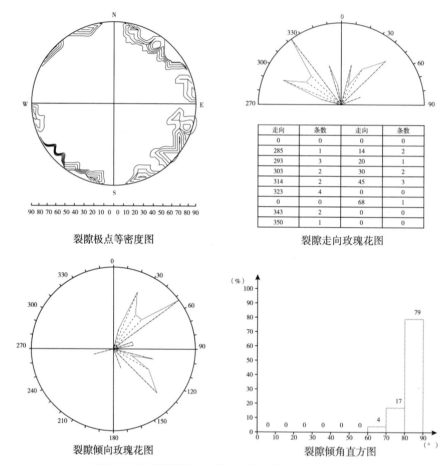

走向	条数	走向	条数
0	0	0	0
285	1	14	2
293	3	20	1
303	2	30	2
314	2	45	3
323	4	0	0
0	0	68	1
343	2	0	0
350	1	0	0

裂隙极点等密度图　　　　　　　裂隙走向玫瑰花图

裂隙倾向玫瑰花图　　　　　　　裂隙倾角直方图

图 3 - 1　陡崖裂隙等密度图、玫瑰花图及倾角直方图

5）因砂岩陡崖底部的泥岩易软化泥化，常形成凹腔，造成陡崖带发生危岩崩塌。在陡崖段有多处危岩，局部治理工程正在施工。本次调查在大佛阁内岩壁局部也发现有不稳定或欠稳定岩体，故建议对危岩体进行灌浆或锚固治理。

6）潼南大佛渗水病害较为严重。渗水对大佛造成侵蚀，并容易引起苔藓、溶蚀、风化等病害的发生。建议进行灌浆、堵漏等综合治理。并在崖顶设置完整的排水系统。

7）大佛景区有涪江经过，并在景区南部发生转向，对景区南门岸坡造成侵蚀，坡底的泥岩夹薄层砂岩受河流冲刷侵蚀作用，易形成凹腔，影响景区岸坡稳定。应采取适当措施进行护坡加固（图 3 - 2）。

8）由于年代久远，在长期地质应力的作用下，大佛的金箔破损，底灰层脱落，岩体风化较为严重。建议采用短锚杆加固厚片状剥离体，针管灌浆加固岩体表层空鼓区。对风化岩体表层进行加固，是修复底灰层和金箔的前提。恢复脱落的底灰层，然后回贴金箔。

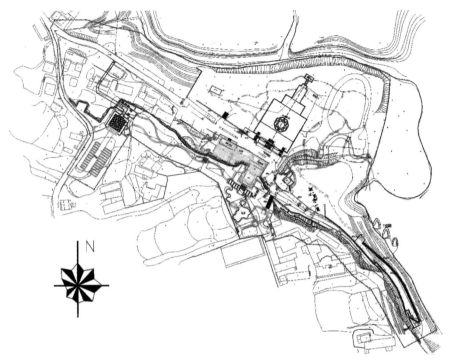

图 3-2　大佛寺所在区域地形图

3.2　本体病害概述

在前期方案设计时，潼南大佛的病害状况已得到了初步的调查，但因表面污染物的大面积覆盖和不干预的前提，使调查深度受到了限制，该阶段对潼南大佛病害认识的程度也受到了限制。随着修复工程的开展——尤其是表面清洗实验的进行——病害的类型和程度又得到了进一步的认识，这些认识对最终方案的确定和保护修复工作的实施具有指导意义。

总体而言，大佛石质胎体的病害主要表现为局部表面风化及衍生病害，而更为严重的病害主要集中于妆銮层和头部的发髻的泥塑配件部分。其中金箔漆膜复合层不仅广泛存在与地仗层或下层金箔分离、起翘、剥落的现象，其表面亦因受到尘垢和水分的长期侵害，导致颗粒化的金箔层大面积脱落，严重影响了贴金装饰层的外观。而头顶的发髻为装配组件，缺失情况严重，还有一部分组件是历史修复过程中补配的泥塑件，不仅缺失、残损情况严重，还存在着形制的不统一。

潼南大佛的病害总体分布状况可见图 3-3 和表 3-2：

表 3-2　病害统计表

层位	名称	病害面积（m²）	占石质总面积比例（%）
石质胎体	表面附着物	31	24.1
	粉化	16	12.1
	空鼓	13	9.8

续表

层位	名称	病害面积（m²）	占石质总面积比例（%）
石质胎体	脱落	3	2
	生物病害	0.04	0.03
	渗水	8	6.5
	裂隙	4m（以长度计）	
	合计	71.4（石质总面积为128.5m²）	
地仗层	起翘	24	16
	空鼓	28	19.4
	脱落	12	8.3
	合计	64（地仗总面积144m²）	
彩绘层	表面附着物	50	45.2
	点状脱落	24	21.7
	片状脱落	9	8.2
	起翘	8	7.3
	粉化	8	7.5
	水渍	7	6.1
	动物病害	0.3	0.3
	生物病害	19	17.2
	龟裂	0.4	0.4
	开裂	1.0m（以长度计）	
	合计	128.5（彩绘总面积为111.7m²）	
金箔漆膜复合层	表面附着物	113	78.6
	点状、片状脱落	100.8	70
	起翘	22	15
	分层开裂卷曲	17	11.5
	水渍	5	3.2
	空鼓	8	5.2
	开裂	54m（以长度计）	
	合计	319.8（金箔总面积为144m²）	

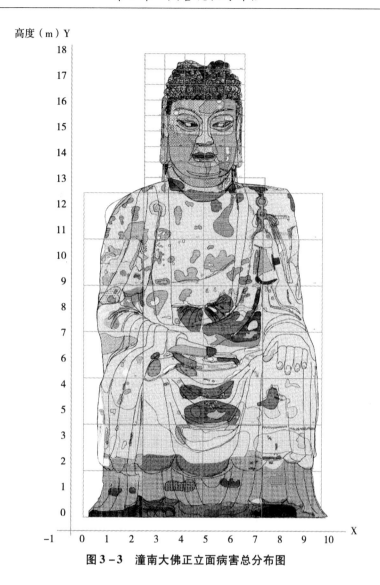

图 3 - 3 潼南大佛正立面病害总分布图

3.3 石质病害

由于妆銮层（金箔漆膜复合层、彩绘层）的覆盖，石质胎体的表面得到了保护，与金箔漆膜复合层、彩绘层病害相比，石质胎体病害面积的总和较小（71m²）。共发现表面附着物、残缺、粉化、空鼓、片状脱落、生物病害、渗水和裂隙等 8 种病害。其分布见图 3 - 4，统计结果见表 3 - 3。

表 3 - 3 潼南大佛石质病害面积及所占比例

名称	病害面积（m²）	占石质总面积比例（%）
表面附着物	31	24.1
粉化	16	12.1

续表

名称	病害面积 (m²)	占石质总面积比例 (%)
空鼓	13	9.8
脱落	3	2
生物病害	0.038	0.03
渗水	8	6.5
裂隙	4m (以长度计)	
合计	71 (石质总面积为129m²)	

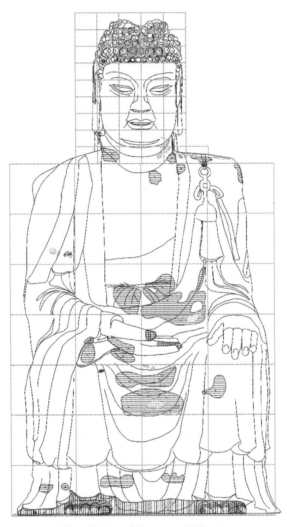

图 3 - 4　潼南大佛石质病害区域分布图

大佛石质胎体病害分类具体描述如下：

3.3.1　裂隙

石质胎体的裂隙均属浅表性裂隙，共调查到 9 处严重裂隙，总长约 4.1m。大佛头部和躯干部位亦有零星分布，典型病害形态见图 3 – 5。

3.3.2　空鼓

空鼓指底灰层与基岩黏结不牢，底灰层鼓起，与基岩分离形成空腔，但并未完全剥落的现象，潼南大佛空鼓面积为 13m²，占石质面积的 9.8%，主要分布于大佛躯干中部和底座位置，典型病害如图 3 – 6 所示。

图 3 – 5　石质裂隙

图 3 – 6　石质空鼓

3.3.3　表面附着物

表面附着物指的是长年沉积于表面的灰尘，此类病害面积为 31m²，占石质表面积的 24%，23 处为严重病害，2 处中度，4 处轻微，主要分布在大佛肩部和底座，典型病害如图 3 – 7 所示。

3.3.4　片状脱落和残缺

片状脱落指的是石质严重风化而呈现出的片状剥落现象，残缺则主要是人为干预所造成的残损。这两类病害面积约为 3m²，占石质面积的 2.1%，共计 23 处，典型病害如图 3 – 8 所示。

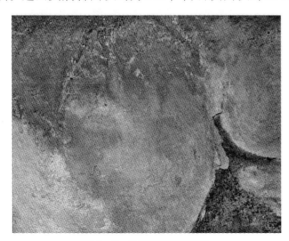

图 3 – 7　石质表面附着物

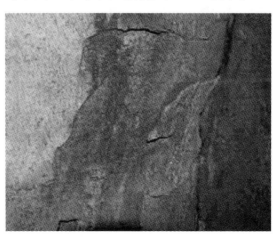

图 3 – 8　石质片状脱落

3.3.5　粉化

粉化指的是石质轻微风化所呈现的酥粉剥落现象，病害面积为 16m^2，占石质表面积的 12.1%，主要分布在大佛边缘两侧，典型病害如图 3-9 所示。

3.3.6　生物病害

由于环境阴暗潮湿，大佛基座部位微生物滋生，覆盖石质表面，病害面积为 0.04m^2，共计 2 处，分布在裙摆下侧靠近脚部位，典型病害见图 3-10，经广东省微生物研究所分析鉴定为芽枝霉。

图 3-9　石质粉化

图 3-10　石质生物病害

3.3.7　渗水

受地下水影响，大佛底座渗水现象非常明显，病害面积为 8m^2，占石质表面积的 6.5%，共计 5 处，分布在裙摆下侧双脚部位，其典型形态如图 3-11 所示。

图 3-11　石质渗水

3.4　彩绘病害

潼南大佛彩绘总面积为112m²，共发现表面附着物、点状脱落、片状脱落、起翘、粉化、水渍、生物、龟裂等8种病害，各类病害面积总和为129m²，其分布见图3-12，统计结果见表3-4。

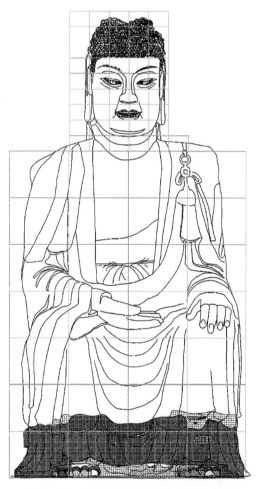

图3-12　潼南大佛彩绘病害区域分布图

表3-4　潼南大佛彩绘病害面积及所占比例

名称	病害面积（m²）	占全体彩绘总面积比例（%）
表面附着物	50	45.2
点状脱落	24	21.7
片状脱落	9	8.2
起翘	8	7.3
粉化	8	7.5
水渍	7	6.1

名称	病害面积（m²）	占全体彩绘总面积比例（%）
动物病害	0.3	0.3
生物病害	19	17.2
龟裂	0.4	0.4
裂隙	1.0m（以长度计）	
合计	129（彩绘总面积为112m²）	

彩绘病害具体分类描述如下：

3.4.1 脱落

彩绘脱落包括点状脱落和片状脱落。点状脱落病害的面积为24m²，占彩绘面积的21.7%，共计38处；片状脱落的病害面积为9.2m²，占彩绘面积的8.2%，共计76处。这类病害分布较广，主要集中在头部发髻、裙摆、眼睛部位，典型病害如图3-13所示。

3.4.2 起翘

彩绘层起翘面积为8.2m²，占彩绘总面积的7.3%。病害集中在头部发髻，零星分布于嘴和眼睛部位，典型病害如图3-14所示。

3.4.3 粉化

彩绘层粉化面积为8m²，占彩绘总面积的7.5%，分布区域主要集中在头部发髻、眼睛、嘴唇部位，典型病害如图3-15所示。

  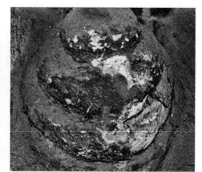

图3-13　彩绘片状脱落　　　　图3-14　彩绘起翘　　　　图3-15　彩绘粉化

3.4.4 表面附着物

表面附着物是彩绘病害调查中最主要的对象，病害面积为50.5m²，占彩绘总面积的45.2%，64处严重病害，13处中度病害，分布区域比较集中，多出现在头部发髻部位，典型病害如图3-16所示。

3.4.5 彩绘水渍

水渍指的是水在彩绘表面留下的痕迹，通过近期对潼南大佛微环境的测试可知，大佛周边空气相对湿度约为80%，加之部分地方受雨水侵蚀，导致头部发髻部分水渍病害尤为严重，面积为$7m^2$，占彩绘总面积的6.1%，主要分布于大佛发髻部位，典型病害如图3-17所示。

图3-16 彩绘表面附着物

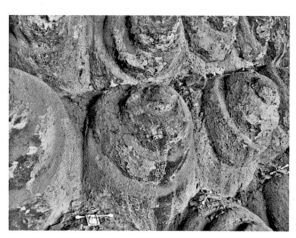

图3-17 彩绘水渍

3.4.6 生物病害

生物病害主要指动物病害和微生物病害。其中动物病害出现在头部泥胎发髻上，主要由蜂类长期筑巢引起，病害面积为$0.3m^2$，如图3-18所示；表面微生物病害指裙摆处彩绘被藻类、霉菌所覆盖，病害面积为$19m^2$，占彩绘面积的17.2%，病害如图3-19所示。

图3-18 彩绘动物病害

图3-19 彩绘微生物病害

3.4.7 龟裂和开裂

龟裂指彩绘表面细微的网状开裂现象，主要出现在眼睛和嘴部，面积为$0.4m^2$，典型病害如图3-20所示。彩绘开裂总长1m，共计3处，均分布于大佛裙摆处。

图 3 - 20　彩绘龟裂

3.5　地仗层（底灰层）病害

　　地仗层（底灰层）病害在大佛本体上表现得较为突出。潼南大佛的制作工艺是在雕刻石质表面施底灰层，在底灰层表面髹漆贴金。大佛石质胎体风化后，底灰层与石质胎体结合力丧失，便出现空鼓、起翘、脱落的病害。如图 3 - 21、3 - 22。

图 3 - 21　地仗空鼓起翘

图 3 - 22　地仗脱落

3.6　金箔漆膜复合层病害

　　金箔漆膜复合层的病害主要表现为复合层整体的开裂、卷曲、起翘和脱落，以及表面污染和金颗粒脱。表面清理完成后，金箔漆膜复合层呈现出的病害与前期调查结果及直观观察印象的差异很大，其病害状况分类陈述如下：

3.6.1　金箔漆膜复合层的分层开裂、卷曲、起翘和脱落

　　根据前期病害调查和现场工作，可知金箔漆膜复合层的分层开裂卷曲、起翘为佛像头部的额头、两侧脸颊和下巴部位的主要病害。其中分层开裂卷曲是起翘的前期表现形式，而这两种病害进一步发展还成为金箔漆膜复合层的脱落。

　　经现场确认，面部金箔漆膜复合层的卷曲、起翘和脱落起点均为"泡状起甲"。在前期调查中，可能受光线和表面尘土覆盖等因素的影响，大部分隐伏的泡状起甲并未被发现。在若干小范围（一般不超过 2cm×2cm）局部试验过程中，发现去除泡状起甲后，可在去除部位边缘看到金箔漆膜复合层与胎体之间有白色粉末状物质析出，表面复合层已与胎体或下层金箔分离，直接说明了盐害与泡状起甲之间的因果关系。在面部表层复合层分层开裂卷曲部位，可见暴露出的下层金箔，而下层金箔漆膜复合层上也分布着大量"疱疹"，表层漆膜与下层金箔之间还有尘土富集。如果不消除盐害，去除每一层复合层的"疱疹"，而是单纯进行回贴加固，显然无法保证保护修复的质量与效果。因此在表面初步清理的过程中，为保证脱盐工作的可操作性和加固效果，决定去除部分区域卷曲和起翘的金箔漆膜复合层。

　　面部卷曲、起翘的复合层经揭取处理后，可见绝大部分区域地仗出露，病害由前期调查时所见的卷曲、起翘变为脱落。

　　身躯部分的金箔漆膜复合层病害与面部不尽相同，原因之一在于金箔漆膜复合层的层数较少，且岩石胎体表面风化也影响了复合层病害的形式：

3.6.1.1　碎裂

　　漆膜与地仗分离，且开裂和缺失现象密集（图 3-23），这种情况较少，主要集中于 4、5 层配饰部位。

3.6.1.2　孔洞状脱落

　　金箔层缺失，漆膜呈孔洞状脱落，主要分布在 1 层（图 3-24）。

 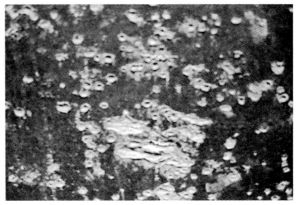

图 3-23　4 层佛像配饰部位漆膜密集开裂及缺失　　　　图 3-24　1 层佛像表面漆膜孔状脱落

3.6.1.3　整体开裂

　　仅开裂而未缺失，胎体未暴露（图 3-25）。

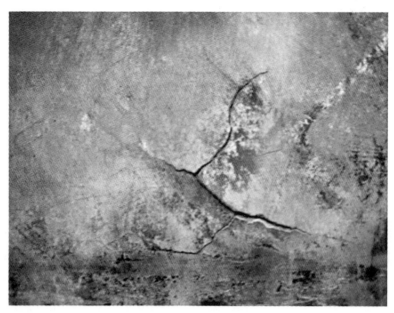

图 3 - 25　漆膜开裂

3.6.1.4　残破缺失

一些漆膜残缺部位胎体风化程度低；而另一些部位的胎体也已强烈风化（图 3 - 26、3 - 27）。

图 3 - 26　胎体风化伴随漆膜开裂

图 3 - 27　胎体风化伴随漆膜缺失

深入调查和统计表明，金箔漆膜复合层空鼓、起翘、缺失面积分别为 13.128m²、58.653m²、35.34m²，合计面积已达 107m²，占大佛躯干总表面积（大佛表面积约为 274.13m² = 发髻26.32m² + 面部 23.59m² + 躯干 224.22m²）的 47.7%。

3.6.2　表面积尘与金颗粒脱落

经过表面干性除尘和清洗后，可见尘土覆盖部位金箔大面积脱落，这一结果也大大超过前期调查设计以及初到现场时对表面金箔保存现状的认识。

3.6.2.1　头部

鼻部、上眼睑、下眼睑、人中、耳部原为表面尘土集中覆盖的区域，鼻部表面经去离子水清洗后，发现尘土之下并无金箔，漆膜大面积出露，说明金箔在清洗前已脱落（图 3 - 28）。

图 3 - 28　面部除尘前后效果对比

3.6.2.2　躯干部分（以现场脚手架命名层为叙述顺序）

6 层：紧临头部，颈部两侧的金箔漆膜复合层保存较好，中部卷曲起翘严重——揭取后底灰层出露；肩部顶面金箔漆膜复合层已完全脱落，地仗层也有残缺；肩部立面部位表面呈黄色，但缺乏金属光泽；金箔层脱落面积超过 70%，漆膜出露（图 3 - 29）。

图 3 - 29　佛像左右肩部除尘后现状

5 层：左侧配饰装饰部分金箔层脱落严重，漆膜破损，胎体风化；中间及右侧金箔层脱落面积超过 70%，漆膜外露（图 3 - 30）。

4 层：金箔层相对保存完整，脱落面积大于 30%，但脆弱，且多处漆层开裂、缺失、起翘将影响到金箔层的完整（图 3 - 31）。

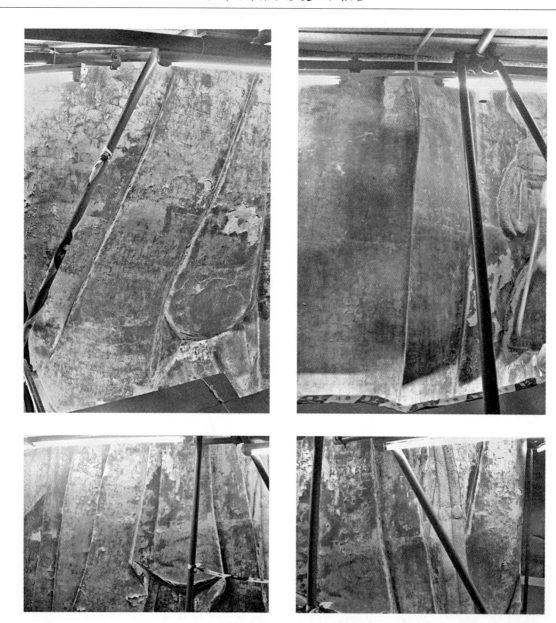

图 3 - 30　5 层佛像胸部除尘后现状

图 3 - 31　4 层佛像胸部除尘后现状

3 层：该区域表面积较大，水平方向表面区域面积亦较大。地仗开裂，金箔脱落面积超过 70%（图 3 - 32）。

图 3 - 32　3 层佛像左右膝部除尘后现状

2 层：金箔脱落面积大于 40%，而中部区域表面漆层连带地仗层大面积起翘、缺失，揭取后脱落面积将进一步扩大（图 3 - 33）。

1 层：金箔层脱落面积大于 25%，保存状况相对较好，是各层中金箔保存最好的部分。

0 层（裙摆）：金箔全部脱落。

图 3 - 33　2 层佛像衣摆及身侧衣褶处除尘后现状

经过对 4、5、6 层表面的清洗试验，金箔层相对完整光亮的部分面积不超过 30%，这意味着贴新金箔的面积将大于原本预计面积，远高于前期病害调查报告中金箔层点状脱落 23% + 片状脱落 4% + 起翘 10% + 分层开裂卷曲 7% = 44% 的占有率，也意味着原来 51% 的尘土附着下有 30% 以上的金箔层缺损。经评估，表面金箔层脱落面积超过 70%。

3.7　保存状态与空间位置的关系

潼南大佛作为大型不可移动文物，在病害分布上与不同部位的空间位置有一定关系，通过对其规律的总结，可以得出以下结论：

3.7.1　水平方向

在水平方向上，呈现出两侧金箔漆膜复合层的保存状态优于中间的特点，而无漆膜覆盖的石质胎体在保存状态上则呈现相反趋势——这可以说明漆膜对石质胎体起到了保护作用。

3.7.2　垂直方向

上、下部的石质胎体保存状态优于中部。且由于大佛屡遭水淹，大佛腹部衣褶处低凹的形态使此处成为水聚集赋存的“佳地”，因此该部位贴金装饰层变形、起翘、破裂严重，下方覆盖的岩体也剧烈风化（图 3 – 34）。

图 3 – 34　1 层佛像衣摆处清洗前照片

第 4 章 保护修复

2010 年 8 月 11 日，潼南县大佛寺景区管理委员会和大佛保护修复工程项目部在大佛造像前面及两侧，用钢管搭建了通高 18m 的脚手架，铺设木板平台及楼梯，共 8 层（图 4−1）。

图 4−1　搭建的工程脚手架

9 月 25 日，中国文化遗产研究院潼南大佛保护维修工程项目部组织专业队伍进入施工现场，按保护修复方案实施大佛维修保护项目，正式进行"封闭式"维修。

4.1　保护修复概况及原则

潼南大佛保护修复工程历时 21 个月，2010 年 9 月开始现场勘察调研，2012 年 5 月中旬竣工。

在此期间，曾多次组织现场会、专家咨询会、方案论证研讨会、协调会等，参与者包括保护修复、工程、佛教美术、传统工艺等领域的专家，以及各级领导和有关部门、项目部负责人。在广泛征集意见的基础上，深入民间调查，通过对传统艺人的走访，了解传统贴金工艺方法，掌握传统材料和工艺机理，挖掘大佛制作工艺所蕴含的历史文化内涵；严格遵循保持历史原貌的原则，不仅未改变潼南大佛的历史原貌，还系统地整理了历代维修信息，并在这次修复工程中积累了本阶段完整的科学监测数据。

在修复过程中，对问题的思考均以实际为出发点，既注重对文物本体的保护，又注重修复后的视觉效果，尽量使修复效果达到保护传承与自然统一并重。更为重要的是，大佛造像不同部位出现的病害不同，要保存的价值也不同，对于由此而引发的造型、色彩、肌理等问题，有针对性地分别加以单独设计。最终求得在保存各方面价值的情况下，兼顾了文物保护和艺术效果的统一。

本次修复工程，在材料和工艺的选择方面坚持采用传统材料与原始工艺，对文物历史、艺术、科学价值的保存具有重要意义。修复过程中对文物本体材料的改变将直接影响到文物的价值，甚至是影响到后代对于文物的研究。因此，对传统材料、工艺的研究和利用被纳为本次修复工程的基本原则。坚持这一原则，一方面是出于对文物本体历史价值与历史信息的尊重；另一方面也是因为传统材料的稳定性已经过了历史的验证，实验也证明它们的稳定程度通常高于现代合成材料，尤其是大漆，它的许多性能尚无法为现代合成材料取代。可以说，在对潼南大佛本身所承载材料、工艺信息的研究基础上，我们所复原的传统材料和工艺在此次保护修复工作中得到了充分的展示和传承。

潼南大佛体量巨大，材质具有综合性的特点，病害类型复杂，对病害的认识无法一步到位，使得工作组需要在修复过程中随着对现状认识的深化，不断调整工作方法，为修复工作带来了更大的挑战。技术难点主要集中在：

1）颗粒化的金箔层与漆膜之间胶结力的丧失，以及与灰尘、污染物的混杂，造成清洗和加固的障碍；

2）岩石胎体和地仗层盐分析出，表面漆膜的阻隔增加了脱盐的难度；

3）除小面积区域可采用金箔回贴的保守修复方法，为求最大限度地保存文物历史信息，绝大部分区域在金箔漆膜复合层揭取后，需对胎体进行清洗、脱盐，修复，并重新贴金，而贴金面积巨大；

4）躯干部位空鼓、开裂面积大，灌浆回贴工作量高于预估；

5）发髻缺失、变形数量多，泥作工程量巨大；

6）大佛腹部及底部石质胎体风化、损毁严重，需按传统工艺进行胎体修复和地仗、漆膜制作，并针对环境特征设计导水管和排气孔，开凿排湿沟并进行岩壁加固等处理。

在潼南大佛保护修复工程动工期间及动工前后，中国文化遗产研究院院领导，中共潼南县委、县人民政府主要领导及大佛寺管委会领导曾多次视察工程，慰问工作人员，并及时解决了工程中的问题，为工程的顺利实施和圆满完工，提供了可靠保证。

4.2　修复依据及技术路线

4.2.1　修复依据

1）《国际古迹保护与修复宪章》（《威尼斯宪章》，1964 年）；

2）《保护世界文化和自然遗产公约》（1972 年）；

3）《纪念建筑、古建筑、石窟寺等修缮工程管理办法》（1986 年 7 月）；

4）《中华人民共和国文物保护法》（2002 年 10 月）；

5）《中国文物古迹保护准则》（2002 年）；

6）《中华人民共和国文物保护法实施条例》（2003 年 7 月）；

7）《文物保护工程管理办法》（2003 年 4 月）；

8）《潼南大佛本体保护修复方案》（中国文化遗产研究院，2010 年 1 月）；

9）《关于潼南大佛维修保护方案的批复》（国家文物局，文物保函 2010〔261〕号，2010 年 4 月）；

10）《潼南大佛本体保护修复工程合同书》（2010 年 9 月）

11）《潼南大佛本体现状评估与对策》及专家论证意见（2010 年 11 月 1 日）；

12）《潼南大佛本体保护修复工程施工组织设计》（中国文化遗产研究院，2010 年 11 月）；

13）潼南县财政局审核确认的工程预算（2010 年 12 月）。

4.2.2　技术路线

根据病害调查与分析所设计的基本技术路线如下（图 4 - 2）：

1）现场勘察；准备场地、材料，组织人员等。

2）表面积尘、污渍、附着物等初步清理；完成现状评估及对策研究。

3）发髻修复方案论证及修复。

4）周边岩体清理加固。

5）局部基岩加固、地仗层修补、起翘地仗层回贴灌浆。

6）面部髹漆。

7）面部贴金及局部金箔漆膜层回贴。

8）本体髹漆。

9）本体贴金。

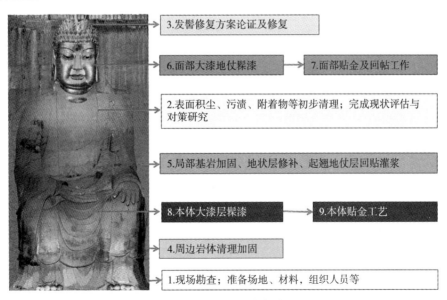

图 4 - 2　工程实施技术路线

4.3　保护修复施工进程

4.3.1　计划总工期

2010 年 9 月开工，2012 年 4 月完工。

4.3.2　实际工期情况

2010 年 9 月 25 日开工，2012 年 5 月 30 日完工。

4.3.3　阶段性进度时间实施

1）2010 年 9 月 25 日~10 月 15 日，参照设计方案进行现场勘察，进行场地、材料、技术人员等施工前组织准备。

2）2010 年 10 月 16 日~12 月底，完成大佛表面积尘、污渍、附着物等初步清理；对本体保存现状与设计方案不同进行评估；完善施工方案，对本体病害程度、面积进行重新统计；开展发髻修复、贴金材料、本体加固、修补工艺实验。

3）2011 年 1 月，对发髻修复形制进行调研、论证；开展本体修复实验。

4）2011 年 2~3 月，开展发髻修复、贴金材料、本体加固、修补工艺实验，完成论证评估。

5）2011 年 4 月~5 月 10 日，完成面部贴金层加固修复。

6）2011 年 4 月~7 月 15 日，完成局部基岩加固、地仗层修补、起翘地仗层回贴灌浆。

7）2011 年 7 月 15 日~9 月 15 日，完成边坡岩体清理加固。

8）2011 年 9 月 16 日~2012 年 1 月底，完成本体贴金层加固修复。

9）2011 年 12 月 12 日，中期评估：重庆市文物局组织专家组经现场考察，听取汇报，质询，形成统一意见，同意项目按照工程计划继续完成下阶段保护修复工作。

10）2012 年 3~5 月，完成表面髹漆贴金全部工作。开展工程资料整理，财务决算，施工报告整理，准备工程验收。

11）2012 年 8 月 2 日，重庆市文物局组织专家对修复效果进行评估，认为该保护工程严格按照国家文物局批复的方案实施，总体效果较好，达到预期目的。

潼南大佛的修复遵循的是从上至下的顺序，不同部位的工艺及病害情况各不相同，因此在各个修复环节中的方法也不尽相同。但基本步骤皆为表面清洗→脱盐→胎体加固、补形→妆銮层修复（髹漆贴金、彩绘全色）→表面封护。

下文将按照这几个步骤对大佛修复进行详细阐述。而发髻部分因缺失较多，对原始形制的判断缺少直接证据，因而对临近地区同时代造像做了研究和参考，并采用三维虚拟修复技术进行了复原。且发髻部分在工艺上与面部和身躯有较大差异，唐代的石质发髻和后期补配的泥塑发髻均为组件装配，表面采用的是彩绘妆銮。因此将把发髻部分修复作为独立的一部分进行阐述。

4.4　表面尘垢及沉积物的清洗与脱盐

表面清洗是修复施工的第一个步骤。潼南大佛是大型摩崖石刻，表面妆銮为全金装上五彩，表面大部分区域（面部、身躯）以髹漆贴金作为装饰，也就是说，表面尘垢及沉积物主要附着在金箔层表面。在前期调查中获得了佛像表面尚留存有较大面积金箔的印象，但深入调查表明，金箔层厚度极小，在贴金、抛光后已颗粒化并与漆膜层黏合，随着时间推移，颗粒化的金箔与漆膜层之间的附着力明显下降，已基本失去胶结作用。灰尘等表面污染与脱落的金箔颗粒混合后，增加了直接清洗的危险性，而清洗之前做加固则又会增加清洗的难度。

4.4.1　清洗与加固的矛盾

一些部位的金箔已颗粒化，并完全与漆膜脱离（6 层肩部顶面），和尘土结合紧密，喷雾后可见金色。尝试用 1.5%、2% 和 5% 的 AC33 进行预加固，前两者均无法使金箔与漆膜重新黏合，后者加固有效，但用水清洗时，金颗粒遇水会再次与漆膜分离，无法达到保存目的（图 4-3）。目前对此类问题可能有效的解决手段——如激光清洗，存在耗时过长，且对设备参数配置要求苛刻的缺点。

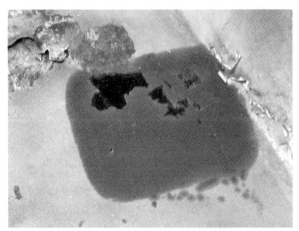

图 4-3　6 层佛像肩部喷雾及清洗效果

5 层正立面左右两侧：金颗粒看上去保存相对较多，但是进过简单清洗发现金箔缺乏光泽，而清洗干净则会导致金颗粒进一步脱落（图 4-4）。

4 层西层面：金箔非常光亮完整，表面灰尘较薄（图 4-5），但实验发现金颗粒非常脆弱，甚至经不起喷雾。

表层尘土越少的地方金颗粒保存越好，被灰覆盖越厚的部位（水平方向，如肩部、手部）脱落越严重。潼南大佛表层尘垢分为两种类型，干燥易脱型和潮湿紧着型。干燥尘土下覆盖的金箔保存相对良好，如耳部；而潮湿尘垢下金颗粒大多已经脱落。显然，灰尘的存在极其复杂的组成，加上大佛寺内潮湿空气的共同作用，成为影响金颗粒稳定性的主要因素。

由于金箔附着于漆膜表面，而漆膜中含有桐油，所以有机溶剂的使用会导致桐油溶解，进一步

图 4－4　5 层佛像胸部两侧清洗前　　　　　　　图 4－5　4 层佛像胸部金箔加固效果

导致金颗粒脱落，因此在清洗剂的使用上，有机溶剂使用受限；而单纯使用去离子水又将延长表面附着灰尘的湿润状态，同样会导致金颗粒脱落。

4.4.2　清洗实施

至 2010 年 11 月 29 日，使用吸尘器、水盅、毛刷、棉花、卷纸、毛笔和去离子水，对佛身进行了全面清洗除尘和脱盐加固处理。

潼南大佛胎体表层布满灰尘，表面的金箔及彩绘的保存状况各异，部分金箔及彩绘非常脆弱，为洁除不同部位的灰尘，工作组在现场试验了多种洁除材料和工艺手段。根据文献及类似工程的实施经验可知，灰尘的洁除材料选择应以易挥发，不残留的常规溶剂材料为主，包括纯水、乙醇、丙酮及三者的组合复配材料。在清洗除尘过程中，从佛像身上收集到清、民国及现代金属钱币百余枚，还有 4 枚锈蚀的铁钉、錾子及现代琉璃瓦残片（图 4－6）。

图 4－6　收集到的钱币、铁钉、錾子及现代琉璃瓦残片

4.4.2.1　一般积尘清洗

大佛躯干部位和面部朝上的面积累了大量灰尘（图 4－7），部分区域灰尘厚度超过 7mm。表面浮尘采用羊毛刷直接清扫（图 4－8），清扫时严格控制力度，使毛刷仅作用于灰尘、不触及装銮

层，避免造成风化的彩绘层或颗粒化的金箔层剥落。毛刷清扫主要用于灰尘较厚区域的初步洁除，或表面强度较高区域的洁除，如佛肩部、手臂、两膝等部位（图 4-9）。

图 4-7　大佛鼻翼与面颊部位积尘情况

图 4-8　大佛面部毛刷清理积尘

图 4-9　对大佛表面进行一般性清洗除尘

毛刷清扫无法将表面灰尘完全清除，对于仍附着于金箔及彩绘表面的灰尘，在清洗部位覆盖单层日本纸，涂刷清洁剂浸润，待溶剂稍作挥发后将日本纸揭下，重复上述程序 3~4 次将附着灰尘清除（图 4-10、4-11）。

对于细小局部的附着灰尘，采用棉签蘸取清洁剂在其表面轻轻滚动，以将灰尘黏附到棉签上的方法达到除尘目的。

本阶段选用的清洁剂有：乙醇与水 1∶1 溶液、丙酮与乙醇 1∶1 溶液、2% AC-51 水溶液等。

4.4.2.2　油污与积尘混合物的清洗

佛身表面的油污采用棉签加镊子进行清理。

对于保存状况较好的金箔，直接用修复刀小心剔除表面油污与积尘混合的顽固性凝结状污垢

图 4 – 10　日本纸贴敷浸润清除积尘

图 4 – 11　日本纸贴敷浸润除尘前后效果对比

物；而对于风化剥落明显的金箔，先用乙醇等溶剂对污垢进行溶胀软化，再用修复刀剔除。

对附在胎体表面的泥土，用棉纸加小喷壶焖蘸泥土，再用棉签蘸清水剥离局部泥土（图 4 – 12）。

 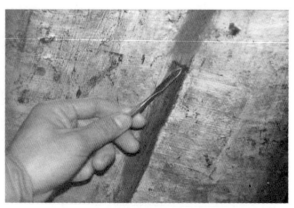

图 4 – 12　油污与积尘混合物的清洗　　　　图 4 – 13　顽固性附着物的清洗

4.4.2.3　顽固性附着物的洁除

对于附着较为紧密的污染物，根据试验结果，滴加乙醇水溶液软化后，采用贴敷法——在待清理部位贴敷日本纸，涂刷乙醇水溶液，多层贴敷，带溶剂适当挥发后揭开日本纸。根据污染物情况，可多次反复操作，直至清理干净。遇到顽固附着物所附着的表面已严重风化破损的情况，则直接用铲刀清除已无保留价值的部分（图 4 - 13）。

4.4.2.4　生物残迹洁除

潼南大佛表面的生物病害主要包括分布于金箔表面的霉菌残留物及衣摆部位基岩的苔藓。

首先采用杀菌灭藻剂霉敌、201 复合杀藻剂以涂刷的方式对微生物进行灭杀。金箔表面的霉菌残留物采用类似于附着性灰尘清洗的方法——用日本纸覆盖于表面，并涂刷添加防霉剂的 50% 乙醇溶液浸润，重复以上步骤 3 ~ 4 次，待溶剂稍作挥发后将日本纸揭下，重复该过程，将霉菌及残留物洁除干净。清洗剂挥发后，用橡皮擦轻轻擦拭，将金箔表面出现的白色痕迹去除干净（图 4 - 14）。

采用高温蒸汽配合塑料毛刷将衣摆部位基岩表面的苔藓刷洗清除干净。适量喷洒复合杀藻剂杀灭基岩内部可能隐藏的苔藓孢子。

4.4.2.5　风化残存物洁除

在石质发鬌、彩绘及金箔漆膜复合层残损部位都不同程度存在底灰或金脚油的风化残存物，在进行下一步保护修复干预之前，需先将这些风化残留物洁除干净。

石质及地仗找平层的风化残存物多为粉状，直接用毛刷清扫，细小部位采用毛笔清扫去除。金脚油风化残存物含有一定的有机组分，附着力稍强，适当滴加乙醇、丙酮的混合溶剂使之溶胀软化后再用棉签蘸取去除（图 4 - 15）。

图 4 - 14　微生物残迹洁除

图 4 - 15　风化残存物的洁除

4.4.3　清洗效果

表面清洗效果见表 4 - 1：

表 4 - 1　清洗前后效果对比

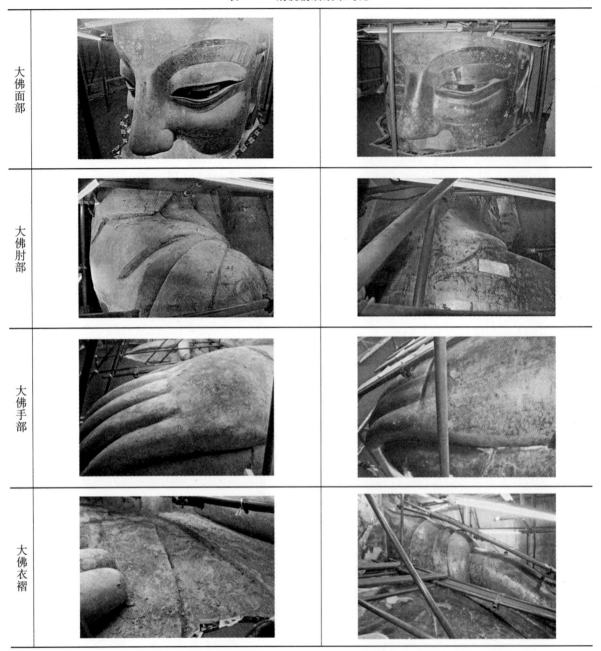

大佛面部		
大佛肘部		
大佛手部		
大佛衣褶		

4.5　漆膜揭取和脱盐处理

除了妆銮层表面的尘垢和附着物，在金箔漆膜复合层和岩石胎体之间还有结晶盐析出，结晶盐是漆膜层疱疹及因此衍生的开裂、卷曲、起翘剥落等病害的起因。另外，可溶盐随着水分的运动而存在于石质材料的空隙之中，尤其富集于靠近表面的部分，因而会阻碍加固材料沿孔隙的渗透，影响加固效果。因此为保证保护修复的质量，确保加固效果，在进行下一步处理前必须先对岩石胎体进行脱盐处置。

4.5.1　漆膜揭取

在一些盐分析出的部位，尚覆盖有一层或多层与胎体分离或局部存在疱疹的金箔漆膜复合层，它们的覆盖会对脱盐造成障碍，因此在脱盐前，已将与胎体附着不牢固的漆膜层先行揭取。

4.5.2　脱盐

采用适当的脱盐纸浆、日本纸对酥碱砂岩进行脱盐处理。由于砂岩表面将要进行脱落金箔漆膜层的回贴，为保证加固效果与金箔层补贴效果，实施过程中需对表面可溶盐进行检查，尽量使表面可溶盐浓度减低到加固剂实施要求浓度以下（图 4 - 16）。

图 4 - 16　对金箔之间的石胎裂隙进行脱盐处理

作的浓度检测用的是 DDS - 11A 型电导率仪（如图 4 - 17 所示）。脱盐处理共进行了 4 次，具体数据如表 4 - 2 所示。通过这组数据可知，经过 4 次脱盐处理，纸浆浸水溶液电导率不断降低，反映石质表面可溶盐成分得到了有效的控制，为实施加固打下良好的基础。

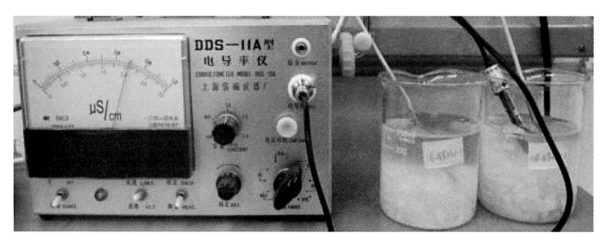

图 4 - 17　DDS - 11A 型电导率仪检测石质发髻脱盐处理电导率变化（ms/m）

表 4 - 2　脱盐处理数据统计表

脱盐次数	纸粉	纸浆	二层宣纸	四层宣纸
一次脱盐	22.5	87.5	67.8	77.4
二次脱盐	18	81.5	56.3	70.7
三次脱盐	15.6	76.3	51.9	66.3
四次脱盐	14.3	75.2	49.6	64.9

4.6　胎体和地仗层的加固、补形

4.6.1　砂岩胎体加固

大佛胎体为砂岩材质，风化现象主要表现为石质缺失部位基岩表层的风化、粉化。根据实验室筛选及现场试验效果评估，综合对加固强度、渗透性及表面色差等因素的考虑，选择硅酸乙酯和GB - 01 硅丙乳液作为基岩加固材料。硅酸乙酯适用于大部分暴露于表面且风化轻微的本体基岩加固，GB - 01 适用于局部风化程度较高的基岩加固。

风化部位主要集中于基岩的垂直表面，因此加固施工采用了刷涂方式——用毛刷蘸加固剂刷涂于风化基岩表面，使之充分渗透，施用加固剂时遵循少量多次的原则，刷涂至岩石表面不再吸收为止。涂施硅酸乙酯加固剂时，每次施工后养护一周以上后再进行下一次的涂施，反复渗透多次（图 4 - 18、4 - 19）。GB - 01 硅丙乳液施工后的养护期，则根据温度及空气相对湿度而定，以加固后基岩表面干燥为准，一般施工两次。

图 4 - 18　大佛面部加固处理 1

图 4 - 19　大佛面部加固处理 2

较浅的空鼓与裂缝用针管注射方式直接加固（图 4 - 20）。对严重的空鼓部位则进行注射灌浆处理——用注射器由下向上注射，下孔注浆，上孔出浆时即止。注浆材料为添加石灰或石灰糯米浆的丙烯酸树脂。为防止岩体坍塌，灌浆后及时支顶（图 4 - 21）。

图 4-20　针管注射式加固

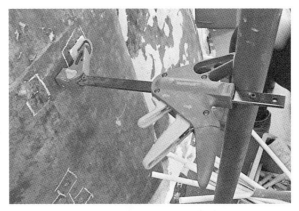

图 4-21　空鼓严重部位灌浆后支顶

4.6.2　肩部不当修复材料的更换

大佛左肩部原有大面积缺失，曾用黄土、石灰和瓦块的混合物填充，现已塌陷并存在大范围空鼓（图 4-22）。修复取用大佛顶楼左后侧耕土层下面的黄泥，去杂质、草根等，将黄泥充分泡开、泡透，加入 30% 的白石灰，适量掺入长 2cm 左右的麻筋，反复敲击捶打成修补用泥，对缺失的肩部进行修复（图 4-23）。肩部表层，取大佛本体相同的砂岩磨成石粉，与 50% 水性环氧伴和成灰胎泥，敷于肩部表层，进行修整塑型（图 4-24）。

图 4-22　掏出原松散黄泥

图 4-23　调制修补用泥进行补塑

图 4-24　修整塑型

4.6.3　地仗层的加固及灌浆处理

　　首先对佛身表面的按平方厘米为单位逐一进行仔细检测（图4－25），完成四"定"：即定位、定点、定范围并定出病害种类。然后，分别作好记号，按照不同病害的不同处理方法进行保护和维修（图4－26）。

图4－25　对大佛身躯各部位进行检查　　　　图4－26　定位、定点、定范围、定病害种类

　　大佛胸部、腹部和两膝之间及脚面，由于受漫长历史时期的雨水、潮气、雾气以及浸渗水等多种因素的影响，风化、毁坏最为严重，是保护修复工程中的重点和难点。

　　风化剥蚀面和毁损面清洗、脱盐之后，对严重的风化层用水性环氧进行多次渗透加固。再用水硬性石灰与50%水性环氧拌和，进行补塑造型。

　　对小部分的空鼓，采用水硬性石灰与50%水性环氧伴和进行灌浆。

　　对范围相对较大的空鼓部分，用与大佛本体相同砂岩磨制的砂岩石粉，加入少量水硬性石灰和50%水性环氧拌和灌浆。

　　大佛胸部保护修复工作难点在于对佛肩部装饰复杂、刻纹精细，且风化严重的佩饰的修复方面。对于纹饰的细部，修补用水硬性石灰与水性环氧配制好的灰浆，用特制小刀对周边形制一点一点地进行仔细雕刻，使其恢复整体的完整性和历史原貌。

　　对大佛胎体起翘、空鼓的部位，按照预先确定的位置先进行切割、揭取。再对揭取的胎体和本体，进行剔除风化层和清洗工作。然后采用针管注射或排刷的方式，使用10%～50%水性环氧进行多次渗透加固。对泥岩夹薄层状砂岩的胎体部位，还要用10%～50%水性环氧进行浸泡后进行加固的工序，糊以用水硬性石灰与水性环氧配制好的粘接材料，再将经过处理的原胎层按原貌进行回贴。为防止新粘贴的胎层移位变形，技术人员对粘贴部位用塑料管、支架进行48小时的定位支撑、顶压回贴，进行定位加固（图4－27～4－38）。

　　大佛本体地仗的回贴选择天然材料水硬石灰，该材料具有低收缩、耐盐、适中的抗压和耐折强度、水溶盐含量低等优点。材料的水硬性持续固化特性尤其在潼南潮湿环境下优点非常突出。水硬石灰在欧美等国家已有较长时间应用，较为系统的应用与标准研究已开展10余年，国内近年来在水硬石灰固化原理、作为灌浆与黏结材料的研究与应用也有很多实例。参照相关研究成果，潼南大佛在实施过程中使用水硬石灰作为修补及灌浆材料的主料。

图 4 - 27 揭取空鼓胎体

图 4 - 28 补塑缺损胎体

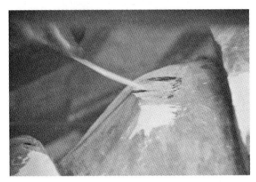

图 4 - 29 剔除空鼓胎体底层风化物

图 4 - 30 对揭取的胎体进行处理

图 4 - 31 对小范围空鼓胎体进行渗透加固

图 4 - 32 胎体修复后的大佛胸部

图 4 - 33　佩饰细部雕饰

图 4 - 34　修复衣褶纹饰

图 4 - 35　佩饰的修复

图 4 - 36　加压定位回贴揭片

图 4 - 37　回贴补塑后的大佛腹部

图 4 - 38　胎体修复后的大佛膝部

4.6.4　手指的修复

潼南大佛右手五指平伸，置于腹前，施"禅定印"。在"文革"期间，拇指及中指被毁坏。1979 年，县文化馆用水泥将大佛右手拇指和中指进行补塑，并用黄色油漆涂刷。

为了恢复大佛手指的历史原貌，工程技术人员在修复中，对水泥补塑的大拇指和中指进行了现场翻模，并由专业人员选用同类岩石，按照模型打制复原，替换水泥部位。新制的石质手指头长 37cm，新指头与原胎体以 2 根长 25cm、径 21mm 铆杆及环氧树脂进行复位。

大佛右手食指下方的空鼓，历史上是用软黄泥填充，由于树根的侵入和浸渗水的长期作用，填入的黄泥已经粉化。技术人员将粉化的黄泥去除，用针管注射方法将 10% ~ 50% 水性环氧注入，进行多次渗透加固。对缺损的部位，用水硬性石灰和水性环氧进行填充修补整形，恢复原貌。如图 4 - 39 ~ 4 - 44。

图 4 - 39　钻孔灌浆加固

图 4 - 40　石膏翻模

图 4 - 41　用环氧树脂粘接大佛石质手指

图 4 - 42　粘接的大佛手指

图 4 - 43　对大佛手指进行补塑　　　　　　　　图 4 - 44　修复后的大佛手指

4.6.5　脚部修复

大佛小腿以下部位，由于屡遭水淹，而大佛腹部衣褶处低凹的造型又成为水聚集赋存的"洼地"，加之历史上长期的浸渗水作用，因此该处变形、起翘、破裂严重，下部基岩胎体大面积风化，脚趾毁损严重。

技术人员先将风化剥蚀面和毁损面进行清洗、脱盐，再用 10% ～ 50% 水性环氧进行渗透加固，用 10% 水性环氧加水硬性石灰调和成修补用泥，补塑造型，修复整个裙裾和脚趾。

这段胎体的修复，工程人员用水硬性石灰与水性环氧配制好的灰浆，将大佛小腿以下部位的胎体进行修复，并分别用大漆进行渗透和贴金之后，由于山崖地表水和裂隙浸渗水的作用，使该层大佛胎体出现不少大小不一的水泡和气壳。每次出现，均经剔除后，用大酮涂刷，用大漆砖灰重新补塑造型，并重新贴金。如图 4 - 45、4 - 46。

图 4 - 45　按原貌修复空鼓胎体　　　　　　　图 4 - 46　用土漆回贴衣褶揭片

4.7　原始金箔漆膜复合层的加固

潼南大佛面部的金箔漆膜复合层存在大量翘曲、起甲、空鼓等病害，由于面部地仗较薄，一些部位甚至没有地仗——而是直接在岩石表面贴金。对于这类病害主要采用了粘接回贴及内部灌浆的方法。

4.7.1　起翘金箔漆膜复合层的回贴

为顺利回贴卷曲起翘的金箔漆膜复合层，先对其进行软化处理。根据现场试验结果，先采用乙醇、乙酸乙酯等溶剂浸润或滴注于金箔漆膜复合层表面使其软化，这种方法软化无效时再用高温蒸汽直接喷雾来进行软化处理。

金箔回贴的黏结剂用的是现场试验效果最好的丙烯酸乳液，其中还适当添加牛胶来增加柔韧性和黏结性。施工时用毛刷将黏结剂刷涂在翘曲金箔的背面，待溶剂稍稍挥发后用修复刀将翘曲金箔轻轻按压贴平，并用棉签按压排出空气，使之完全服帖。

4.7.2　空鼓金箔漆膜复合层灌浆

对金箔漆膜复合层空鼓严重的部位进行注射灌浆处理——由下向上，下孔注浆，上出浆时即止。为使翘曲金箔顺利归位，灌浆材料及金箔粘接剂完全固化前，采用临时支顶等辅助措施进行加固。支顶架是用棉布包裹棉絮层加木板、木条制成的。

4.8　髹漆贴金

4.8.1　金箔脱落的对策和修复

如前所述，大佛面部清洗后表面金箔因脱落而呈现斑驳的效果。若仅做局部回贴和全色，整体仍会呈现斑驳的外观，与宗教部门要求不符，也无法满足礼佛的宗教需求。因此经过论证，对脱落的金箔层采取了传统髹漆贴金的工艺进行修复。传统髹漆贴金工艺的基本流程可见于大佛整体工艺概述部分。

通过研究，工作组制定了"加层法"的设计思路——是在现有的旧贴金层表面直接髹漆贴新金箔的做法。"加层法"工艺在中国由来已久，在潼南大佛表面的部分区域也可以看到金箔漆膜复合层多层叠加的现象——证明了历史上不同时期层多次采用了"加层法"进行重妆，这种做法将传统妆銮的历史信息在不同层位上最大限度地保留了下来，为今天的研究提供了直接的证据。在本工程中，"加层法"的选择也是针对文物艺术价值、历史信息保存和恢复造像宗教功能两方面需求所采用的一种折中做法，旨在恢复造像妆銮层的视觉完整性，同时在层位维度上最大限度地保存历史信息，为后代研究留下余地。

4.8.2　髹漆的技术要求与工艺

本次工程中，工作组根据潼南大佛的现状，在充分运用传统髹漆工艺的基础上，对材料的配方和施工方法进行了因地制宜的调整。

首先，降低了传统漆灰中的生漆比例。传统漆灰中生漆的比例可以达到50%，而实验证明，用于潼南大佛文物本体地仗的生漆比例不得超过35%——因为大漆具有防水性能，降低生漆在漆灰中的比例才能更好地保留漆灰层孔隙率，允许岩石胎体中的水分释放。

其次，传统髹漆工艺通常是先用生漆在胎体表面进行封护，但这样做会阻碍大佛岩石胎体中所含水分的散发。因而在本次工程中改变了这个步骤，只用稀释的生漆对岩体表面损坏部位进行渗透加固，而不做整体封护，并将生漆封护层髹涂在漆灰层表面，这样可以使胎体的水分顺畅地渗透到漆灰层的孔隙中，起到缓冲的作用。

具体施工步骤如下（图4-47～4-58）：

1）先对风化和损坏部位进行表面除尘，然后进行第一遍生漆渗透。

用于渗透的生漆，需在生漆中按10%的比例加入松节油，拌和配制成渗透加固材料。这种材料主要用于石质胎体小面积空鼓和新材料填补部位的渗透加固。

2）生漆干透后刮涂漆灰。

3）漆灰干透后进行第二遍整体刮灰，与前述漆灰配方相同。

4）漆灰干透后用240号砂纸砂平，用吸尘器清除表面浮尘，再用纯棉毛巾蘸纯净水擦洗表面残留颗粒物。

5）漆灰层干燥之后，表面整体涂刷生漆。

6）生漆干透后，表面整体涂刷熟漆。

熟制熟漆——将生漆倒入铁锅用火熬制，将生漆中所含水分去尽后即成。本工程中所用的熟漆是根据天气情况，用生漆和熟漆调和而成的，气温高时多加生漆，气温低时少加生漆，其原则为调和后的漆料可在第二天干透。

图4-47　第一次局部生漆渗透加固

图4-48　进行打磨

图4-49　进行第一遍生漆涂刷

图4-50　进行整体刮灰

图 4-51 进行砂平磨光 1

图 4-52 进行第一遍熟漆涂刷

图 4-53 进行砂平磨光 2

图 4-54 进行第二遍熟漆涂刷

图 4-55 进行砂平磨光 3

图 4-56 进行清扫除尘

图 4-57 过滤金胶漆

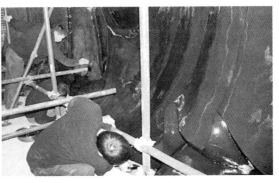

图 4-58 涂刷金胶漆

7）重复整体满刷熟漆。

8）施金胶漆。

漆层干透之后，用360目砂纸砂平并除尘。之后按照大佛面部各部位的具体形态，考虑金箔接缝的衔接位置，并根据气象条件和工作时间与工作量，计划好刷金胶漆的面积及具体部位。用特制国漆牛尾刷，蘸金胶漆涂刷于待贴金区域表面。等待金胶漆收汗，即干燥到约80%后，开始贴金。

金胶漆干燥结膜的程度与三个因素有关：大漆和桐油混合的比例、干燥过程中环境的温湿度以及贴金的速度与对火候的把握。为实现理想的贴金效果，需凭经验综合考虑这三个因素，视天气情况随时改变金胶漆中各成分比例，一般生漆与熟桐油比例约为1∶1，混合后掺入占生漆熟桐油混合物总量约20%的银朱。金胶漆调好后需经过滤，再按当日贴金量进行涂刷。金胶漆涂刷方向与大佛造型表面走势相符，刷路平顺，漆面均匀平整，不见刷痕。

4.8.3　漆灰制作与熟桐油的熬制

将青砖磨成细灰后再用生漆加水进行充分拌和，制成用于修补岩石胎体的漆灰。根据当地天气情况，生漆与水的比例一般约为1∶1。

熟桐油是将生桐油倒入铁锅用火熬制而成，待其成为黏稠状即成。在大漆中加入桐油有流平与降低成本的作用，更为重要的是，在金胶漆中加入桐油有助于银朱的发色，它不仅是配制金胶漆的理想搭配材料，也是增添佛金光彩的重要手段。

桐油在古代髹漆工艺中既可以单独使用，也可以与大漆混合使用，在调制金胶漆时，桐油与大漆形成的是混合物，不发生化合反应。优质的大漆在温湿度理想的情况下，在数小时内即可结膜，施工中，对于大漆干燥结膜时间的控制就成为了贴金的重要技术手段：干燥过快，会损失黏合力，金箔无法被粘住，干燥过慢则会影响工期，在大漆中加入的桐油比例是考验一个工匠技法的关键环节。

4.8.4　贴金的技术要求与工艺

大佛贴金工艺兼具两方面的功能，一是将石质胎体的表面整个包裹起来，实现保护功能，在这里则是地仗层与漆膜层共同发挥作用。二是满足宗教艺术对色彩的需要。为宗教造像施以贴金工艺来自于《魏书·释老志》："汉明帝永平八年（前65年）明帝梦见金人，以问群臣，臣称为佛。"此后，为表现佛光普照，人们便用装金的方式来装饰佛像。

为大佛装金，使用的主要材料是金箔与土漆。土漆具有稳定性强、粘接性强，防虫、防水、耐火、耐腐的特性，并具有能与金箔颗粒全面融合的特点。

在潼南大佛表面多处可见贴金层的接痕，这些漆膜厚而平整，接缝处痕迹明显而突出——因贴金工艺对金胶漆干燥程度要求严格，所以需根据金胶漆干燥速度和贴箔的操作速度来限定单次工作面积，待进行下一次单次贴箔时，新的金胶漆在与已完成的区域相邻的部位势必造成小面积叠压，就形成沿工作区域轮廓的线形隆起——即两个工作区的接缝，从这些接缝痕迹则可以判断单次贴金的工作范围。从接痕隆起的方向来看，可以判断贴金的顺序为从上至下（图4-59）。

本次修复工程，所采用的方法为"薄贴法"。新漆膜和金箔层将覆盖旧漆膜层和部分金箔，但对原有旧贴金层进行清理时，我们尽可能保存原有金箔层，不因此次修复采用"薄贴法"而放弃对原有金箔层的保护与整理。贴新金箔层的目的在于，在保护原有历史信息的同时赋予文物更完整的视觉外观，解决原文物表面因金箔脱落造成的斑驳感带来的不良审美效果，也帮助观众更好地理解这件宗教造像和艺术作品所传达的信息。而最大限度地保护并利用旧金箔，让文物传达更具历史价

图 4 - 59　漆膜表面的接痕

图 4 - 60　大佛鼻翼部修复试验前与试验后效果对比

值的信息——则是今后的科研方向（图 4 - 60）。

　　传统工艺在贴金操作中，很讲究"火候"。在髹涂的金胶漆还处于表面结膜但尚未完全干燥、略为黏手的时候贴金可达最佳黏合效果。这对贴箔操作者的个人经验和手感具有较高要求，而个人经验和技巧也与贴箔效果有直接的关系。而个人经验与技巧是高度个性化的因素，因此，由于个体的差异，由不同操作者（甚至同一个操作者）完成的区域则可能呈现不同的牢固度。尽管在贴金初期的视觉效果上没有区别，但是随着时间的推移，胶结效果的衰退，就会出现不均匀的金箔层脱落现象。

　　为了尽量减少这种个体差异对整体效果的影响，我们按照传统贴金工艺，制定出合理的贴金工作流程，并合理安排人员，尽可能使贴金效果统一，并经得起时间的考验。

4.8.4.1　选定金箔规格

　　在贴金之前，按照所贴区域面积情况选定金箔尺寸。大面积贴金，如佛身部位，采用边长 93mm 的金箔。小面积贴金，如面部、肩部佩饰，选用边长 45.3mm 的金箔。

4.8.4.2　贴金

　　在粘贴金箔过程中，贴金人员按个人习惯以左手持金箔 10～20 张，先去除过多边纸，用右手持专制竹夹，捋开金箔，将金箔的底面与衬纸分开，用竹夹夹住一张金箔的上方，须将金箔上面所附衬纸一同夹住，将金箔平敷于金胶漆表面。敷金箔时，右手持竹夹送金箔，以金箔底边与金胶漆先接触，同时以左手从金箔中心处向四周方向将整张金箔抚平，然后用右手持竹夹将衬纸揭去（图4-61）。

　　贴金箔须按照从下往上，从左往右的顺序贴金箔。尽量减少金箔间的过多叠压和出现留缝漏漆的现象。

4.8.4.3　补金

　　贴金箔时应注意查漏补金，于金箔粘贴时发现有留缝漏漆的现象，应及时补贴金箔，整体粘贴完成之后，必须仔细检查，是否在粘贴面存在因金箔打造时的漏金，或在贴金箔时，在接缝处出现露漆的现象。如有出现，必须及时补贴金箔，避免过时补贴造成光泽的不统一（图4-62）。

图4-61　贴金箔

图4-62　补金

4.8.4.4　刷金

　　贴完金箔并经过补金之后，再用羊毛刷刷掉金箔接缝处多余的金颗粒（图4-63）。

图4-63　刷金

4.8.4.5 压金

用自制棉布包轻轻敲打、压平、压实，使金箔牢牢粘接于大漆表面。

4.8.4.6 走金

用棉花轻微走金，使金箔表面更加平整、光滑，金色统一，不出现局部散射光、旋转晕光。

4.8.4.7 封护

在贴金层表面用羊毛刷沾上自制封护剂，髹于金箔表面，以达到最后封护的目的（图4-64、4-65）。

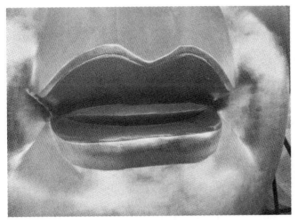

图4-64 嘴部贴金及饰色效果　　　　　图4-65 面部贴金及饰色效果

4.8.5 躯干金箔严重脱落部位的髹漆贴金

躯干部位的髹漆贴金技术要求与工艺同样遵照面部进行，其技术要求与工艺在此不再复述。在具体实施过程中，按照大佛造像各部位的具体形态，考虑金箔接缝的衔接位置，并根据气象条件和工作时间与工作量，计划好刷金胶漆的面积及具体部位。之后再用特制国漆牛尾刷，沾上金胶漆涂刷于表面。等待金胶漆收汗，即干燥到约80%后，方可贴金。贴金效果见图4-66~4-70。

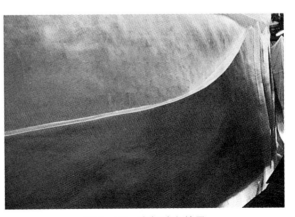

图4-66 左肩佩饰贴金效果　　　　　图4-67 胸部贴金效果

图 4 - 68　右手及腹部贴金效果

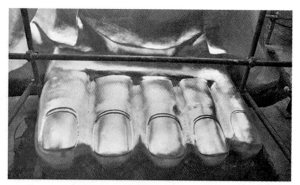

图 4 - 69　脚部贴金及饰色效果

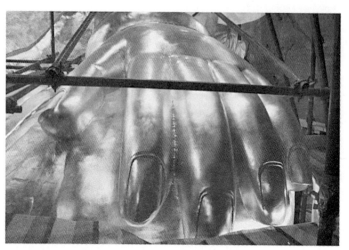

图 4 - 70　右手贴金效果

4.9　发髻的修复

4.9.1　发髻保存现状

大佛现存发髻 166 个，其中石雕发髻 60 个，均未见断裂或修补痕迹，应为唐代原物，保存较为完好，分布于下三排，排列规则有序（图 4 - 71）；泥塑发髻 106 个，排列无序，有石质基座，多为历次修缮时补修遗存（图 4 - 72）。

具体层位与数量见表 4 - 3。

所有发髻表面均有黑色彩绘痕迹。为了真实、详尽地留取资料，为保护修复提供依据，对发髻进行了三位扫描工作，如图 4 - 73 所示。同时，根据测量结果进行计算，得出大佛发髻表面积 22.31m^2（图 4 - 74）。

为了更加直观地展现大佛发髻情况，应用三维技术制作了发髻的平面展开图。由图可知，额眉发髻（第一层发髻）中只有左边一个为左旋，其余 22 个皆为右旋；2、3 层石质发髻以中心线为界，2 层左边全部左旋，3 层右边除最边一个外全部左旋，2、3 层上下层位有意的左右旋转不同；4 层以上并无明显旋转排列规律；6 层延长部分为佛像耳后发髻，可以看出两部分发髻皆向脸内侧旋转。

图 4 - 71　大佛现存发髻

图 4 - 72　泥塑发髻保存现状

表 4 - 3　大佛发髻保存现状统计表

层数	发髻	左旋	右旋	破损发髻	明显脱落	备注
1	24	1	22	1		额眉发髻较小，均匀发髻空隙坐中
2	17	8	9			发髻纂坐中，右旋，较大
3	19	9	10			发髻空隙坐中
4	21	10	10	1		泥塑，大小较整齐，高低不一
5	22	8	14			泥塑，大小不整齐，高低不一
6	29	9	16	1	3	泥塑，大小不整齐，高低不一，方向错位
7	12	3	6	2	1	1 个破损的发髻，方向为左旋
8	8	3	5			1 个位置移动
9	8	1	5	1	1	1 个破损发髻，方向为右旋
10	6	1	4		1	
总计	166	53	101	6	6	

图 4 - 73　大佛头部三维模型

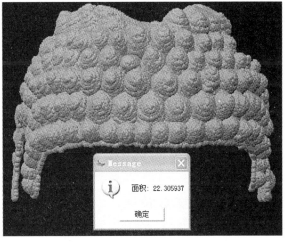

图 4 - 74　大佛发髻表面积计算结果

4.9.2 保护修复的原则与流程

根据发髻保存现状，这部分本体的保护修复主要依据以下原则开展：

1）根据最小干预原则，最大限度保存现有石质、泥塑螺髻，按照技术要求开展清洗、加固、补形等工作。

2）组织文物管理部门、佛教美术、艺术史、传统工艺师等对发髻顶部缺失部分形制与工艺进行论证，以川渝地区唐代造像发髻形制为参考，在试验基础上使用传统工艺与材料实施修复工作，保证材料、工艺安全性。

发髻修复的技术路线如图4-75。

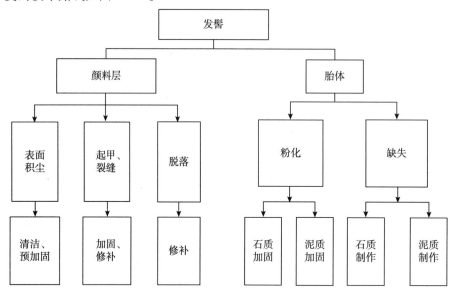

图4-75　发髻修复技术路线图

4.9.3 表面清洗和脱盐

表面清洗主要针对的是发髻表面的各类污染物，去除表面有害污染物的同时为后期保护修复提供操作条件。清洗步骤包括积尘清理、顽固附着物清理和风化残留物的清理，具体方法见表面尘垢及沉积物的清洗与脱盐部分。

4.9.4 石质发髻的加固

对于保存状况较好的发髻并没有进行过多的干预。而对于局部风化的石质，则根据实验室筛选及现场试验效果评估，综合考虑加固强度、渗透性及表面色差等因素，选择了硅酸乙酯和GB-01硅丙乳液作为基岩加固材料。具体实施方法见砂岩胎体加固部分。

4.9.5 发髻表面彩绘的处理

4.9.5.1 彩绘的加固

对于部分保存完整，但有轻微风化的彩绘地仗找平层，采用的时5%的AC-33丙烯酸乳液进行滴注加固。如图4-76所示，将加固剂分次滴注到待加固的地仗找平层，每次控制用量，待加固剂完全将地仗找平层润湿时即停止，加固剂基本干燥后进行二次滴注加固，加固剂的滴加一般要反复 3 次以上才达到所需效果，加固后用手摩擦不再有粉状物掉落，且不再吸收加固剂。

4.9.5.2　彩绘的回贴

在大佛的发髻部分，大面积彩绘层出现了裂隙、剥离、翘曲及起甲。修复前先用泥浆进行灌浆。取本地黄泥加水调稀，用纱布过滤出泥浆，再按总量比添加 3% 丙烯酸乳液、5% 石粉和水硬石灰，充分搅拌后备用。

用毛刷蘸 1∶1 的丙酮乙醇溶液涂刷在彩绘表面，如图 4 - 77 所示。待彩绘软化后，用注射器向起翘的彩绘层背面及泥胎表面滴注 10% 丙烯酸乳液。丙烯酸乳液中的水分被泥胎吸干后，用注射器向裂隙或彩绘起翘部位灌注泥浆。待泥浆半干后，用棉球轻压起翘彩绘，使彩绘归位回贴。养护 4h，如果仍出现起翘，重复以上步骤直至完全贴实。起甲修复花费时间较长。

图 4 - 76　轻微风化彩绘层加固

图 4 - 77　起翘部位彩绘层回贴

4.9.6　残缺发髻的修补

4.9.6.1　轻微缺损部位修复

制备修复泥浆：取从佛像上散落的黄泥加水调稀，加入棉花和少量石灰，充分搅拌后备用。先用注射器在泥胎上的待修复区滴注 10% 的丙烯酸乳液。丙烯酸乳液的水分被吸干后，用钢制修复刀在脱落部位抹泥，按原貌填平抹光；对裂隙填充、补平、压实、收光。等所补的泥浆半干后，用修复刀压实，待第一层补泥干燥后再做第二层补泥操作。在此期间出现干裂现象时，立即再进行补泥、压实修复程序。如此反复直至修复完成为至。通常一个小于 5mm 宽度的裂隙修复需要反复上述步骤 3 次以上，较大裂隙需要反复的次数则更多。图 4 - 78 与图 4 - 79 分别为塑形前后对比照片。

4.9.6.2　较大缺损部位的初步塑形

根据现场试验对传统工艺的复原和验证，将泥质发髻塑形的基体材料分为粗泥和细泥，粗泥用于基本形的塑造，细泥用于发髻细节的塑造。粗泥以当地的土和沙子按 2∶1 比例搅拌，加入经泡制的稻草调制而成，干稻草∶土和沙子 ＝ 1∶50（质量比）。按照发髻缺损部位的形状进行初步塑形，此时塑形的尺寸略小于缺损部位尺寸。缺损部位较大时安装小锚杆连接新旧部位，并涂抹少量胶结

图 4 - 78 　表面塑形前　　　　　　　　　　　　　图 4 - 79 　表面塑形后

材料（如图 4 - 80 所示），以确保补配部分不脱落。塑形完毕即进行养护，因施工过程中环境空气相对湿度不稳定，且总体偏高，为保证干燥的连续性，每天在固定时间使用红外加热器在一定距离外进行辅助干燥至半干状态，以保证材料缓和固化，不开裂。

图 4 - 80 　安装锚杆并涂抹胶

4.9.7　发髻的补配

发髻的缺失主要集中于大佛头顶部位，如图 4 - 81 所示，头部缺少发髻后呈 "v" 型，严重影响了整体形貌，因此根据方案对其进行了补配与安装。

大佛头顶缺失发髻的修复方法是依据三维扫描图，通过造型考证比对研究，参照遗存的唐代石质发髻造型特征，进行重新翻模，塑型新做，按原貌修复补全（图 4 - 82、4 - 83）。

4.9.7.1　材料的制备

选取附近优质黄土，除去杂质后粉碎，浸泡于桶中待用（图 4 - 84）。将所购置麻刀击散（图 4 - 85），另将白灰、青灰分别装大桶浸泡 7d 以上。

图 4 - 81　大佛头部原状外观

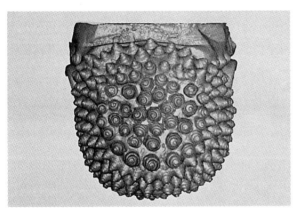

图 4 - 82　大佛发髻虚拟三维俯视图、立面图

前

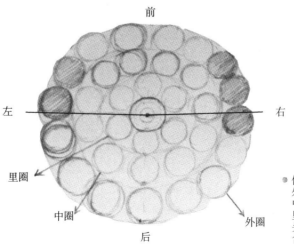

左　　　　　　　　　　　　　　　　　右

里圈

中圈

外圈

后

保存原有发髻5个
外圈发髻16个
中圈发髻11个
里圈发髻6个
头顶中心1个
含原发髻计34个

图 4 - 83　大佛头顶发髻分布图

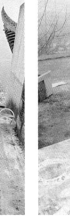

图 4 - 84　加工黄土　　　　　　　　　　　图 4 - 85　加工麻刀

　　将浸泡后的黄土、白灰按照 3∶7 比例混合（图 4 - 86）；加入黄土与白灰总量的 10% 比例青灰（图 4 - 87），三组分充分搅拌均匀；将加工好的麻刀置于泥料中（图 4 - 88）。加入适量水后将四组分搅拌、击打，使其均匀，以备使用（图 4 - 89）。

图 4 - 86　黄土中加入白灰　　　　　　　　图 4 - 87　加入青灰

图 4 - 88　加入麻刀　　　　　　　　　　　图 4 - 89　四组分充分和匀

4.9.7.2　补配组件的制作

发髻部分的补配组件分为顶部泥环及严重缺损、缺失的发髻。其中发髻部分较复杂，不同层次的发髻，位置、大小和形貌皆有差异。根据前期调查情况分为底层、顶部、正上方三类进行制作。

1）泥环的制作

泥环位于大佛头顶的天宫部位，围绕天宫石放置，用以校正发髻的整体形貌。将制备好的石灰、青灰、黄土、麻刀四组分泥料装模后夯制成 5 个 10cm 厚泥环，外直径分别为 100cm、85cm、70cm、55cm、40cm，内直径 50cm、45cm、40cm、35cm、35cm。每个泥环分割为 4~8 瓣，阴干放置（图 4-90）。

图 4-90　泥环的制作

2）重大残损及缺失发髻的制作

重大残损发髻指的是佛顶部分破损严重、位移较大，连接木桩已糟杇的发髻。这部分发髻根据方案进行了翻模复制，重新制作。翻模所选取的是周边保存完好石质发髻，发髻的螺旋方向则严格遵循对称的排列规律。翻模时，将薄铁皮剪成 25cm 宽铁条，按遗存的石质发髻大小卷圈。用水调和生石膏，分别装入 3 个聚乙烯袋内，一块压在石质发髻上，凝固后将其取下，修补定型并晾干。

模具制作完成后，将制备好的石灰、青灰、黄土、麻刀四组分泥料装入，压实。脱模后阴干（图 4-91），晾至半干时在发髻底部挖孔以备木质支钉装配。

图 4-91　重大残损及缺失发髻的制作

3）顶部肉髻的制作

如图4-92所示，肉髻已完全缺失。根据相关文献显示，其高度通常为额部发髻的2倍左右，底面直径为额部发髻的3倍左右，肉髻表面从底至顶一般排列2层小发髻。按照文献中的描述，以底部保存完好的发髻形为模型来制作左右旋的泥质发髻——以两个石质发髻为原型进行翻模复制，脱模后阴干，阴干过半时在底部挖孔，阴干后保存待用。

4）顶部小法髻（慧发髻）制作

和肉髻一样，顶部小发髻也已缺失，仅发现脱落石刻小发髻一枚。以这枚脱落的发髻为原型进行翻模，制成后根据其造型再加工成反向旋转发髻，亦对其进行翻模。

模具制作完成后，将准备好泥料填入压实，根据现状调查和方案设计，共翻制顶部发髻31个，阴干过半时在底部挖孔。

按照头部坡度制作坡状模型（图4-93），将翻制的小发髻排列在该模型上阴干待用。

图4-92　顶部发髻保存情况　　　　　图4-93　顶部小发髻补配制作情况

4.9.7.3　发髻的安装

将所需补配组件全部制作完成，完全阴干后开始安装。安装步骤如下：

1）清理

安装前对大佛顶部进行了清理。清理对象包括原泥质地仗层和锚孔。泥质地仗清理完成后，用铁刷清理裸露岩石，直到露出新鲜岩石。锚孔清理干净后植入对发髻起固定作用柏木桩。之后在表面涂刷一层青灰，晾干。

2）顶部泥环的安装

将外径100cm泥环围绕天宫砌实。待一层泥环牢固后放入天宫石，围绕天宫石在第一层上铺砌第二层泥环。待两层泥环完成后围绕第一层泥环放置其他准备好的泥环，根据头部弧线要求用准备好的麻刀灰土材料找平（图4-94）。

3）发髻位置的确定

将8#铅丝一端固定在脚手架上，一端探到佛头上，以佛像眉心为中心，绑扎发髻经纬分割线，经线集中到佛顶中心桩，重点分天目线、明慧线、耳前线。纬线主要有石发髻1层，泥发髻3层，确定每个发髻的精确位置。

图 4 - 94　天宫处泥环的铺砌过程

4）发髻安装

在制备好的补配发髻底部的孔内轻轻推入少量麻刀灰泥（图 4 - 95），后按照顺序将其压入木桩，按牢（图 4 - 96）。发髻安装后，用麻刀灰泥对缝隙进行修补（图 4 - 97），而顶部正上方发髻在天宫内装入藏器（宗教仪式）后，放置于泥环之上，用灰浆粘实。安装完成后如图 4 - 98 所示。阴干后进行做旧，补色处理。

图 4 - 95　补配发髻底部加入少量麻刀灰泥　　　　**图 4 - 96　将其压在木桩上按实**

图 4 - 97　补缝

图 4 - 98　发髻安装完成后形貌

4.9.8　补色

待泥塑发髻干燥后进行找补做旧，操作步骤如下：

1）打磨修胎：在干燥过程中，略有开裂属正常情况，用灰膏腻子补平；

2）用矿物颜料佛头青调配灰油，参照原有佛头青色度加氧化铁黑和黄色调配补色；

3）做旧后色度完整一致，视觉效果陈旧而不残破，庄严而无光泽。

修复后的发髻保留了历史形制特征，留存下来的石质、泥塑发髻的材料与结构得到了加固保护，达到了整体观感协调统一的效果（图 4 - 99）。

图 4 - 99　发髻修复后

4.10　原貌留存

为了给后人留下可资借鉴的历史样本，经慎重研究决定，将保存状态及历史信息相对较为完整的大佛双耳，作为保持历史原貌的重要遗物进行留存。

4.10.1　金箔加固

选用了 AC - 33 丙烯酸乳液作为金箔预加固剂，预加固操作采取注射器滴注方式进行，滴注后养护至加固剂完全干燥固化（图 4 - 100）。

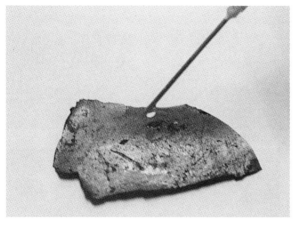

图 4 - 100　金箔加固

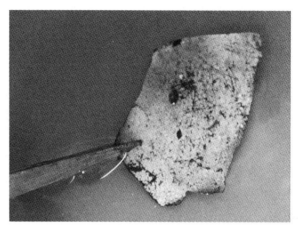

图 4 - 101　金箔软化

4.10.2　金箔漆膜复合层软化

由于金胶漆的老化，翘曲、开裂的金箔漆膜复合层多数脆性较大，稍微用力触碰就会碎裂。因此回贴金箔漆膜复合层的第一步是软化。根据软化材料试验，单层金箔漆膜复合层的软化用乙醇等有机溶剂涂刷就可以达到较好的效果（图 4 - 101）。

4.10.3　金箔漆膜复合层回贴

选用水性环氧与水硬石灰进行金箔回贴。回贴前使对裸露岩体进行脱盐处理，如图 4 - 102。在金箔回贴工艺方面，由于金箔软化及粘接剂完全固化等步骤所需的时间较长，还需要提供临时支顶的辅助措施来确保回贴的顺利实现。需要使用支顶的方式长时间按压需要回贴部位。为了保护金箔表面，贴一层日本纸，上支顶架。支顶架挡板与胎体之间垫棉花和纸巾，固定并压稳支顶架。支顶过程中观察日本纸的湿润程度，如果日本纸过湿，拆除支顶更换镜头纸，让黏结剂水分更快挥发。如图 4 - 103。

图 4 - 102　进行脱盐处理

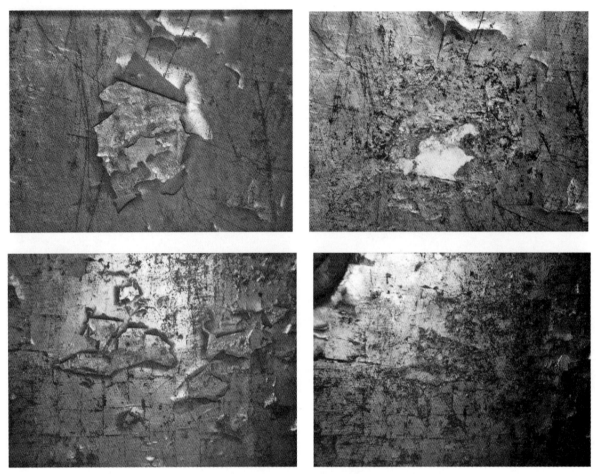

图 4 - 103　金箔回贴效果对比

第 5 章　周边环境的整治

5.1　岩壁加固

大佛造像背面及两侧岩壁风化较为严重，对这部分基岩进行了清洗加固。基岩的加固选用了水性环氧材料。由于选区为垂直表面，施工工艺采用涂刷方式，仍然进行 3 次加固施工。渗透深度及加固效果都很好（图 5 - 1）。

图 5 - 1　对基岩进行渗透加固处理

　　工程技术人员对大佛造像后壁和左、右两侧的岩壁进行了全面清洗除尘。干燥之后，再用5%的水性环氧进行不间断渗透处理，持续时间为6~7h。次日，再连续渗透5h左右。

　　在岩壁加固过程中，视岩体的风化程度，进行了2~3次渗透加固。渗透加固期间，需防止其表面产生结膜。

　　对大佛造像左侧岩壁基岩出现的片状开裂进行钻孔，打入铆杆进行固定（图5-2）。

图5-2　对基岩裂隙进行钻孔并打铆杆加固

5.2　开凿排湿沟

　　大佛小腿以下部位由于历史上所存在的长期浸渗水的作用，基岩饱含水分，加之裂隙发育，地表水和裂隙浸渗水的作用，使得大佛造像底部显得异常潮湿。而且一遇下雨，即出现自大佛左小腿离地1m处的胎体从内往外渗水的现象。为了解决佛身下部浸渗水问题，工程部在大佛左小腿内侧的渗水处安装了导水管（图5-3），于大佛底部沿大佛造像裙边及脚边开凿了一道宽27cm，深18cm的排湿沟，沟内填充鹅卵石，直接将湿气排导出（图5-4、5-5）。

图5-3　雨后渗水处安装导水管　　　　　图5-4　开凿的排湿沟

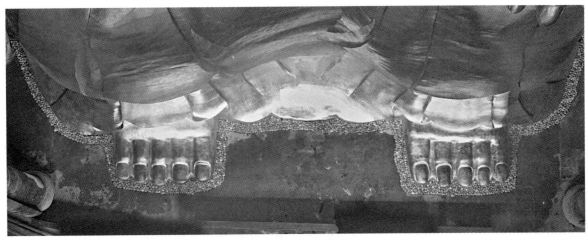

图 5 - 5 排湿沟

5.3 水泥地坪整改

大佛造像脚部前端的地坪原为基岩，1979 年在其表面铺为水泥地面（图 5 - 6）。为了展现出潼南大佛摩岩造像自然的本生特质，修复中剔除了大佛脚前的水泥地坪，显露出水泥地表下面的紫红色砂岩，恢复大佛造像底部的历史原貌。同时适当改善剔除水泥后地面自身的排湿能力（图 5 - 7）。

图 5 - 6 水泥地坪

图 5 - 7 砂岩地坪

5.4 修建防护栅栏

潼南大佛自膝盖以下部位的贴金层，于本次维修之前即已消失殆尽，形成这一情况的直接原因是数十年间人们不间断地长期抚摸所致。为了有效保护大佛金身，特选择于大佛造像底层，距离大佛约 3m 左右的地方，修建一个木质结构的防护栅栏，禁止游人进入抚摸佛像（图 5 - 8）。

图 5 - 8　设置护栏

第6章　修复工程中的新发现

6.1　多种工艺的综合使用

潼南大佛主体部分是摩崖石刻，此外还采用了泥塑、灰塑、镶嵌等工艺。

大佛的眼珠是用木材镶嵌再施以彩绘作成（图6-1）。

大佛头顶的螺髻少部分为石刻，大部分为泥塑。为使其结构稳定，古人在佛头石胎上凿小孔，置木桩，敷泥塑螺髻，并视螺髻的大小，用1~3根木桩作为支撑，稳固一个螺髻（图6-2）。

佛身肩部、胸部、腹部等多处有掺加麻筋进行灰塑、泥补的现象。在大佛颈部和左侧腰部，还收集到地仗下层带有裱纸的样品（图6-3）。古代泥塑佛像装饰工艺中有使用裱纸的工艺，潼南大佛地仗层发现此种工艺，推测与大佛胎体的修饰和局部加固有关。

图6-1　眼珠用木头镶嵌

图6-2　泥髻用1~3根木桩固定

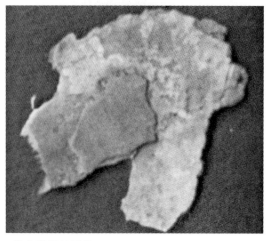

图6-3　带有裱纸的地仗

6.2　相印改变

据历史碑刻记载，这尊金大佛经历了宋、清、民国共 4 次装銮。这一史料不仅在这次施工中得以证实，而且在民国十年贴金层之下，于大佛眉宇之间发现存有"白毫相"。"白毫"呈环形，外径 16cm，内径 13cm，凸出约 2mm。

6.3　首次发现的题记

在大佛头部前端的悬崖边上，新发现一处唐、宋摩岩题刻。题刻高 1.6m，宽 0.7m，共 2 则，上面一则刻"七月廿一日两人/长庆四年/十壹月十七下手三人/至十二月廿日/"，字径 3.5～18cm。另一侧位于其下方："丙午年三月三十日下半身/中江县……/至四月十五日/"，字径 5～9.5cm。

6.4　掉落的唐代发髻

大佛肩部发现掉落的唐代圆雕石发髻一个，高 18cm，底面直径 23cm（图 6-4）。

图 6-4　在肩部发现的掉落的发髻

6.5　特殊的表情特征

潼南大佛是世界上唯一吐露舌头的大佛造像，对于雕塑的原意现暂无直接依据可供考证。从事宗教研究专业人员一般的共识为取意于佛祖诵经之意（图 6-5）。

图 6-5 佛像的口舌部位

6.6 空鼓及前人的处理方法

潼南大佛由于受地质营力及气温变化、树根穿越、山螺附生等多重影响（图 6-6），很多部位出现不同情况的空鼓。在揭取空鼓层和修复过程中发现，在民国十年实施装金工程时，对历史上的佛身空鼓之处未作处理，大多仅敷以黄泥，其上再作漆层，造成了一部分的大面积空鼓。

技术人员在揭取大佛腹部空鼓层时发现一块长 110cm、宽 80cm、最厚处达 8cm，重量达 50 多 kg 的空鼓胎体。从胎体的横断面发现，古人在对佛身缺乏石料的情况下，是采用以桐油石灰熬制的底灰作为黏合剂，其间敷以瓦片、碎石等。作为黏合剂特别熬制的桐油石灰，使各种材料间的黏合强度至今仍保持坚实，完全可以与现代任何一种黏结材料的强度媲美（图 6-7）。

图 6-6 附生在空鼓胎体里的山螺残骸

图 6-7 历史胎体修补材料

第 7 章　修复效果展示

潼南大佛修复效果如图 7-1~7-4 所示。

图 7-1　大佛发髻修复前后对比

图 7-2　大佛面部修复前后对比

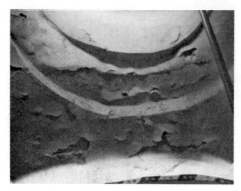

图 7-3　大佛躯干修复前后对比

图 7 - 4　潼南大佛修复前后对比

第 8 章　工程量统计

8.1　方案设计工程量成果

根据方案设计，工程完成全部设计工作内容，具体内容见表 8-1：

表 8-1　方案设计工程量统计表

部位	工作内容	方案设计工程量
发髻部分	表面清洗	$120m^2$
	石质发髻雕刻及安装	$2.7m^2$
	严重损坏泥质发髻修复	$20m^2$
	风化泥质发髻加固	$36m^2$
	风化石质发髻加固	$20m^2$
	地仗找平层加固及回贴	$46m^2$
	发髻彩绘底灰重做	$27m^2$
	彩绘修复	$45m^2$
大佛面部	表面清洗	$70m^2$
	金箔起翘回贴	$46m^2$
	金箔裂缝修补	$11.18m$
	金箔重贴	$3.2cm^2$
	空鼓灌浆	$1.09m^2$
	彩绘修复	$1.21cm^2$
躯干部分	表面附着物清洁	$380m^2$
	地仗找平层加固灌浆	$130m^2$
	地仗找平层修补	$2m^2$
	空鼓灌浆	$50m^2$
	金箔裂缝修补	$126m$
	金箔回贴	$220cm^2$
	金箔重贴	$36cm^2$
	彩绘修复	$30cm^2$

续表

部位	工作内容	方案设计工程量
躯干部分	基岩加固	$20m^2$
	微生物治理	$45m^2$
	基岩裂隙检测	$25m$
周边岩体	表面洁除	$60m^2$
	风化砂岩加固	$20m^2$
	危岩加固	$5m^2$
	石刻保护	$5m^2$
	裂缝黏结灌浆	$80m$
	微生物防治	$200m^2$
	石方开挖	$25m^3$

8.2　新增修复工作量

8.2.1　大佛发髻

保护修复实施过程中，除完成方案设计工作量外，根据专家论证意见，实际完成顶部缺失发髻 26 个；按照原工艺修复缺失发髻表面彩绘 $52m^2$（按照原工艺由内至外，设计工作量 $45m^2$）；对原有发髻和修复缺失发髻进行整体封护，面积 $27m^2$。

8.2.2　大佛面部

大佛面部根据传统工艺完成髹漆贴金 $27m^2$，表面封护 $27m^2$；完成大佛耳部金箔清理 $5.16m^2$，加固基岩 0.8，回贴金箔 $0.6m^2$，表面封护 $5.16m^2$。

8.2.3　大佛躯干

大佛躯干部分除完成方案设计设计工作外，根据大佛地仗起翘、泥岩夹薄层状砂岩严重风化、金箔脱落的现状，完成隐蔽工程内容如表 8-2：

表 8-2　大佛躯干隐蔽工作量统计表

工作内容	工作量
基岩地仗空鼓、开裂部分揭取	$22m^2$
基岩地仗空鼓、开裂部分回贴	$22m^2$
手指不当修复水泥填补部分拆除	$0.069m^3$
右手手指雕刻安装	$0.069m^3$
右肩顶部缺失部分找平	$2.3m^2$

续表

工作内容	工作量
左肩顶部松散空鼓部分挖除重做	1.056m^3
髹漆贴金（三遍底灰层髹漆）	220m^2
裙摆及脚趾部分近年不当修复部分水泥找平层铲除	21m^2
裙摆部分重做地仗	21m^2
表面封护	220m^2

第 9 章　项目的组织与管理

9.1　工程组织管理的实施

根据潼南大佛本体保护修复工程的特殊性，在中国文化遗产研究院高度重视下，在保护施工现场成立了现场项目部，明确项目部成员任务、责任。为更有效地协调、管理现场，便于项目部的现场管理，提高施工技术人员对文物工程的认识和重视，工程项目部制定了以下管理制度。

1）施工现场考勤制度；

2）施工现场例会制度；

3）施工现场档案管理制度；

4）施工现场库房管理制度；

5）施工现场文明施工管理制度；

6）施工现场安全生产管理制度；

7）施工现场消防管理制度；

8）施工现场质量管理制度。

9.2　安全规范

在整个施工过程中，始终坚持"安全第一，预防为主"的方针，把安全措施落到实处。一方面做好施工区域安全因素的控制，做好与外界的隔离、安全防护，进出施工场地的出入口做出明显的警示牌，确保施工人员、游客及其他人群正常出入，周围环境的安全，在安全受控的情况下组织施工。

9.2.1　安全制度

1）施工现场安全生产管理制度；

2）施工现场保卫、消防管理制度；

3）职业健康安全措施及各种应急预案；

4）脚手架支搭方案。

9.2.2　现场用电控制

临电工程严格按照建设部颁发的《现场临电安全技术规范》执行，并由专业电工负责管理，线路及现场电器设备安装后进行验收，合格方才可送电使用；施工现场内各种电器设备、设施，包括手动电动工具一律符合安全生产要求，除专业电工和安全消防管理人员以外，其他一切人员均不接触电器，电器工具专人使用、专人管理，定期检查，如有故障时，应立即进行修理，在未修复前，不能使用；施工用电，各种小型工具的使用，严格按照操作规程、规定进行操作。各类配电箱、控制箱外观应完整、牢固，无漏水、浮尘等，箱体统一编号，箱内无杂物，停止使用的配电箱及施工人员离开施工现场时都切断电源。

9.2.3　现场消防管理

消防、安全小组在每天上下脚手架前及周末下班前对现场用电电缆、电线、脚手架电器设备、脚手板等现场设备及现场配备消防器材的数量、状况进行检查，发现问题及时处理或上报，确保现场无消防安全隐患。

9.2.4　安全宣传、教育

消防安全负责人在每次工作例会进行安全消防情况进行总结，对安全消防知识进行讲解；组织现场施工人员学习消防器材使用技术，进行消防安全自救，灭火消防演练等。施工现场的材料、工具、垃圾及时清理合理放置，确保消防通道畅通。

9.3　施工质量控制

工程开工到竣工，在隐蔽工程检查、监理抽查主体所含各分项工程质量验收合格，质量控制资料基本完整，安全及功能检验和抽样检测结果符合要求，观感质量验收合格；未出现质量事故及返工等现象。

9.3.1　岗前培训

开工之初，走访了一批当地工匠、传统工艺师傅，查访当地佛教造像艺术；项目部成员反复进行现场模拟试验及施工工艺讨论，制定好修复方案后，对所有施工人员培训：从加固材料的基本组分、结构和性能；粘接加固和注浆粘接加固的具体操作工艺与规程以及文物保护基本理念和文物保护工程必须遵循的一系列法规与准则；安全施工的各项规章制度。经过培训，施工人员对加固保护材料、使用方法和工艺有了更透彻的认识与理解，统一了大家的文物保护理念及对保护效果的把握尺度，熟练掌握了加固保护技术手段和操作工艺，重点掌握保护工程目的、特点、特殊要求、技术要点、工程的工艺、程序、基本要求，以及禁止的操作活动等，充分保证本项修复保护工程的质量和文物安全。

9.3.2　按设计施工

本次工程严格按照评审通过的设计方案和施工组织设计要求实施。施工前组织全体施工人员认真熟悉加固保护工程设计，熟悉各种施工工艺和操作规程，将可能出现的工程技术问题及施工质量问题解决在动手之前，保证施工顺利。

9.3.3　加强现场施工质量检查

项目技术负责人对每道工序进行不间断的、不定期的检查，技术小组成员对每道工序完成进行全面完整的检查并作好检查记录。资料收集小组在工序检查验收时进行照片、录像等音像资料留取，做到每道工序情况做到有据可查。

9.3.4　重视技术交底

施工前做好技术、质量、安全交底工作，使全体施工人员按加固保护工程设计既定技术工艺施工；施工过程中每个施工小组的责任工长都做了详尽的施工操作日志。

9.3.5　严把进场材料质量关

在材料选取严格按照施工方案进行选取，配制加固材料及过滤、调制大漆时严格控制材料浓度，每组在配制材料是首先严格遵守库房管理制度做好使用记录，为避免一人操作造成浓度不准，每组配制材料不少于 2 人，现场管理员在现场监督，做到科学的管理和控制。

9.3.6　施工前做好"样板件"

施工前做好"样板件"，经甲方、监理验收合格后，再统一进行大面积或主要部位施工。杜绝反科学规律野蛮施工，严格施工工艺与施工方法，禁止随意性。

9.3.7　严格控制质量检测程序

各项施工的每道工序均作 100% 自检、100% 互检和 100% 抽检，最后由监理验收检查，待自检、监理检测合格后进入下道工序施工。对于粘接加固不合格的，一律进行返工处理。

9.3.8　特殊部位质量检查及防护

1）基岩加固及剥落地仗回贴工作结束后，项目组质检人员自上到下实行全检，用特制的木槌敲打表面，凡加固不到位，回贴不严部分用粉笔做标记，及时修补，做到了不遗漏，不错过。

2）空气流通对贴金影响很大，现场项目组在脚手架周围用彩条布进行封堵，在距离大佛本体 1.5m 处在采用黄绸围挡。这样既能保证黄绸内空气的流通不影响贴金，同时又进一步降低了周围空气中粉尘影响。

9.4　工程进度的控制

工程进度的快慢直接关系到保护工程项目能否按期竣工和投入使用问题。首先按照设计方案编写总进度计划，并报监理单位、业主审核同意后，严格按照总进度计划施工。并根据总进度计划编制月进度计划，发现偏差及时适当调整劳动力、材料、设备、资金，确保工程按计划进度完成。

9.4.1　施工工期

计划总工期 2010 年 9 月开工，于 2012 年 4 月完工。实际工期情况：2010 年 9 月 25 日开工，2012 年 5 月完工。

9.4.2　施工进度计划的控制、管理

在 2011 年 7 月 10 日~2011 年 9 月 10 日两个月内重庆地区连续多天出现 40℃以上的高温，该段时间内很少有降雨。超高温、低湿度严重影响了大漆的施工，同时也造成了局部新修补地仗的开裂。项目部根据天气情况对计划及时进行调整，调整计划并以书面的形式上报监理，获得批准后在试验室（可以控制室内温度、湿度）展开大漆工艺练习和贴金实验。

2012 年 3 月中旬，大佛躯干部分大漆地仗表面出现的凝结水，到 4 月中旬，裙摆表面凝结水成股往下流，严重影响贴金的进行。

9.4.3　加强组织管理，控制总进度

本工程从 2010 年 9 月开始到 2010 年 5 月底结束，在施工过程中未出现人为的怠工、停工等现象，工程进度基本满足施工合同要求。

1）计划总工期 2010 年 9 月开工，于 2012 年 4 月完工。实际工期情况：2010 年 9 月 25 日开工，2012 年 5 月 30 日完工。

2）阶段性进度时间实施

（1）2010 年 9 月 25 日开工，到 10 月 15 日，参照设计方案进行现场勘察，进行场地、材料、技术人员等施工前组织准备。

（2）2010 年 10 月 16 日~12 月底，完成大佛表面积尘、污渍、附着物等初步清理；对本体保存现状与设计方案不同进行评估；完善施工方案，对本体病害程度、面积进行重新统计；开展发髻修复、贴金材料、本体加固、修补工艺实验。

（3）2011 年 1 月，对发髻修复形制进行调研、论证；开展本体修复实验。

（4）2011 年 2~3 月，开展发髻修复、贴金材料、本体加固、修补工艺实验，完成论证评估。

（5）2011 年 4 月~5 月 10 日，完成面部贴金层加固修复。

（6）2011 年 4 月~7 月 15 日，完成局部基岩加固、地仗层修补、起翘地仗层回贴灌浆。

（7）2011 年 7 月 15 日~9 月 15 日，完成边坡岩体清理加固。

（8）2011 年 9 月 16 日~2012 年 1 月底，完成本体贴金层加固修复。

（9）2011 年 12 月 12 日，中期评估：重庆市文物局组织专家组经现场考察，听取汇报，质询形成一下意见：

①潼南大佛本体保护修复工程的实际符合文物保护原则，符合工程设计，对大佛信息采集留取，为整体佛像的研究和修复提供了重要数据支撑，发髻修复工艺合理，对缺失部分的修复有可靠的依据。

②采取的加固技术较好地解决了本体砂岩风化等目前存在的病害问题；

③根据大佛地仗和贴金层保存现状，发掘传统的髹漆和贴金工艺合理可行，值得深入研究。

④工程组织管理科学规范精细。

专家组同意项目按照工程计划继续完成下阶段保护修复工作。

（10）2012 年 3~5 月，完成表面髹漆贴金全部工作。开展工程资料整理，财务决算，施工报告整理。准备工程验收。

（11）2012 年 8 月 2 日重庆市文物局组织专家对修复效果进行评估。认为该保护工程严格按照国家文物局批复的方案实施，总体效果较好，达到预期目的。

9.4.4　施工队伍的选择

施工队伍的素质是保证施工进度和质量的关键因素，选择长期合作，信誉好、业绩好、技术好、合同履约能力强、从队伍管理到工人素质具有较高水平的队伍，确保工程按计划进行。

工程由中国文化遗产研究院承担。

合作单位包括：宜兴金陵文物保护研究所、西安雅惠轩雕塑艺术有限公司、北京首华建设经营有限公司、北京帝测科技发展有限公司。

参加人员见表 9 - 1：

表 9 - 1　参加人员一览表

姓名	工作单位	职务、职称
詹长法	中国文化遗产研究院	文物修复与培训中心主任
张　可		文物修复与培训中心
王　玉		文物修复与培训中心
张晓彤		文物修复与培训中心
王　珊		文物修复与培训中心
高　雅		文物修复与培训中心
程　博		文物修复与培训中心
何　谦		文物修复与培训中心
李元涛		文物修复与培训中心
宗　树		文物保护工程与规划研究所
张俊杰		文物修复与培训中心
吴育华		文物保护工程与规划研究所
侯妙乐	北京帝测科技发展有限公司	博士，教授
胡云岗		博士，教授
魏利永		助理工程师
卢广宇		助理工程师
张玉敏		硕士研究生
胡丽丽		硕士研究生
柴忠言	西安慧雅轩雕塑艺术有限公司	传统工艺技师
杨文宗	陕西历史博物馆	副研究员
姜孝云	重庆市潼南县文物保护管理所	原所长
徐　林		副所长
李浩鹏		副所长
胡少轩	成都文物考古研究所	监理工程师
张品容	宜兴金陵文物保护研究所	所长
王爱民		修复师
张品跟		修复师

续表

姓名	工作单位	职务、职称
苏东黎	洛阳古代艺术博物馆	彩绘修复师
戚雪娟		彩绘修复师
左洪彬	北京首华建设经营有限公司	贴金技师
任 具		贴金技师
左海刚		贴金技师
左泽新		贴金技师
李占领		贴金技师
李国英		贴金技师
何天喜		民间漆艺工艺师
杨 斌		民间漆艺工艺师
王良斌		民间漆艺工艺师
雷 军		民间漆艺工艺师

9.4.5　采用适用的施工工具

优选施工工具，保证各种修复工具符合需要，既是保证施工质量的关键所在，也是保证进度的关键因素，根据工程特点，不同工种、用途，配备合适的工具。施工中发现需要添配工具时及时添配，以提高工效，加快施工进度。

9.4.6　加强现场管理

加强计划和加强过程控制管理是两个连续的环节，疏忽了哪一个都会影响工程的顺利进行。

项目经理应加强现场指挥，加强预控。与建设、设计、监理等单位加强现场协调，施工过程中遇到问题及时解决，确保工程顺利进行。

项目技术负责人向工长做好修复方案交底，施工中按修复方案加强现场指导、协调，保证设计方案得到切实的落实。避免技术方案在执行中出现较大偏差影响质量，误了工程进度。

9.4.7　材料供应保障

及早组织采购，周密地安排好，做好加工、进场验收、保管、使用等工作。严格考察厂家的产品质量和合同履约率情况，确保材料供应。要求供应时间应有提前量，做好随实际施工进度调整材料供应时间的准备，避免因材料问题造成窝工停工。材料负责人必须参加工程例会以便及时调整材料供应计划。

9.4.8　保证施工质量，保证工期

保证施工活动的秩序，保证各道工序一次验收合格，不返工、不窝工，不影响关键线路的进度，是控制施工进度的一个科学规律。

9.5　文明施工及文物保护意识宣传、教育

文明施工是完成各项指标的大前提，切实地制定文明施工管理措施，做到施工组织文明、施工程序文明、施工工序文明，确保整个施工活动的文明，确保优质、高效、顺利地完成施工任务。提高施工人员的文物安全意识从根本上确保文明施工及文物安全。

1）现场悬挂文物保护标示牌。

2）向施工人员传阅文物保护相关文件及书籍。

3）多次在保护工程现场和现场工作室进行文物安全宣传教育。

9.6　文物安全防护

本工程涉及到石刻造像、古建筑、环境的保护，所以必须建立环境、古建筑以及成品保护意识，现场项目部制定相应保护措施。

1）文物保护组织管理措施。

2）对潼南大佛的保护技术措施。

3）对大佛寺佛天阁建筑木构架及室内地面的保护措施。

4）现场项目部要求施工技术人员严格按照施工程秩序和顺序，做好成品保护，保证不出现交叉施工造成新的污染和文物损坏。

5）组织实施：明确管理人员及相关人员的职责，加强管理组织管理。对于人员容易接触的大佛寺佛天阁木构件、彩绘用科学有效的方式进行保护，避免对古建筑造成损坏；工作台面与本体交接处，用软质材料包裹凸露构件，台面与大佛本体最外缘距离不小于 5cm，确保在脚手架颤动时不会对本体有新的损伤。

9.7　库房管理

按施工方案、方法，确定各种施工用料，做出进料、加工清单；按进度计划做好采购计划。需要外加工订货的材料提前订货，确定进场期限；主要物资在采购前，首先核实厂家资质，需要取样进行试验的，经试验合格后再进行订货。进场后对需要复试的进行复试。材料进场，材质质量证明应同时到位。

施工中制定了材料领用管理制度：

1）材料入库必须现场项目负责人验收签字，不合格材料决不入库，材料管理员必须及时办理退货手续。

2）保管员对任何材料必须清点后方可入库，登记进账。填写材料入库单。同时录入电子文档备查。

3）材料账册必须有日期、入库数、出库数、领用人、存放地点等。现场的材料、设备及不能

入库的材料，要点清数量，做好保护，防止雨淋日晒及人为污染，避免造成损失。

4）仓库内材料应分类存入堆放整齐、有序、并做好标识管理。并留有足够的通道，便于搬运、消防备用。

5）酒精、丙酮等材料自身挥发性强，易燃易爆，与其他稳定性较好的材料分开存放，将其放置在通风性好的室内；经常检查避免鼠害及人为的破坏，造成消防安全事故发生。

6）仓库存放的材料必须做好防火、防潮工作。仓库重地严禁闲杂人员入内。

7）材料出库认真填写领料单，特别是贵重材料、有毒害材料如：金箔，领取时不少于两人在场。

8）工具设备借用，建立借用物品帐。严格履行借用手续，并及时催收入库。实行谁领用谁保管的原则，如有损坏，及时通知材料员联系维修或更换。

9.8　各参与单位的协调沟通

9.8.1　与业主及主管单位的协调组织

服从业主的安排。定期参加与业主的碰头会，讨论解决施工过程中所出现的各种矛盾及问题，理顺每一阶段的关系；为业主着想，达到满足业主提出的各种合理的要求。

每月根据工程进展的情况向潼南大佛寺景区管委会如实上报工程进展情况，工程量完成情况，工程款使用情况及计划变更情况；积极主动地配合主管单位的统筹与管理，目的是将潼南大佛本体保护修复工程打造成精品工程。

在主管单位的检查及相关专业的专家现场调研指导时，现场项目部管理员详细认真向各界人士讲述工程的进展情况、病害治理，资料收集等情况，让各界人士直观地了解保护工程质量、进度情况。

9.8.2　与监理单位的协调组织

与监理单位成都文物考古研究所进行紧密的合作，在整个工程质量控制上共同努力，对施工全过程进行监督检查。每个分项、分部工程施工前提交监理方有关的施工方案及作业指导书，听取监理方的意见；监理方在实施监理工作时，我们为其实施监理工作提供必要的方便，配合监理方把监理工作做好。现场项目部根据实际情况制定的制度及计划变更情况、月完成各项工程完成情况，施工日志及时地给监理单位报告、沟通。

9.9　资料的收集整理

1）资料员严格按照监理施工档案管理要求，做好资料档案记录工作。

2）资料员认真做好：施工现场每天的施工情况记录、每周例会记录；临时现场会议记录；及时编写阶段性工程简报及关键技术点的总结简报。

3）资料员、现场管理员做好每次专家现场考察，各级领导的视察及各界人士的关注情况的图文资料记录，做好大事记。

4）现场工作人员登记造册，施工人员身份证复印件整理归档。

5）工程中工程量签证单、工程任务书、设计变更单、施工图纸、工程自检资料的整理归档。

6）工程中其他文件、资料、文书往来整理归档。

7）各类档案资料分类保管，做好备份，不得遗失。同时建立相关电子文档，便于查阅。

8）借阅档案资料需办理借阅手续。填写工程资料借阅表，并及时归还。

9）在整理修复记录的同时项目部专门对工程进程、关键点的实施过程录像、照相记录。

10）每周安全检查，并如实上报潼南大佛寺景区管委会，便于整体的协调管理。

第 10 章　项目监理

10.1　监理组织机构

依据本工程委托监理合同规定的服务内容、服务期限、工程类别、工程规模、技术复杂程度、工程特点等因素确定了以高守平为总监理工程师的项目监理机构。并明确了监理机构的工作目标、监理人员的职责分工和考核标准以及工作流程。按监理合同和随着工程的进展配备了满足工程需要的监理人员，并配备了计算机、打印机、照相机、摄像机、传真机、水准仪、经纬仪、楔型塞尺和钢卷尺等监理设备，满足了办公及工程质量控制检查的需要表 10 – 1。

表 10 – 1　监理组织机构一览表

监理机构	姓名	从事专业
总监理工程师	高守平	土建/安装
监理工程师	胡少轩	土木工程
监理工程师	任　勇	土建
监理工程师	李　豪	安装

10.2　监理合同履行情况

10.2.1　目标控制情况

10.2.1.1　工程质量目标控制情况

1）首先根据本工程的特点，编制了监理规划、专业监理细则和旁站监理方案，以此来指导规范监理工作的实施。

2）开工前组织现场监理人员，熟悉工程施工图及相关验收规范，参加图纸会审，认真听取设计人员技术交底，做好图纸会审纪要。

3）审查施工单位的质量管理体系、质量保证体系、技术管理体系、现场质量管理制度和管理人员的岗位资格证书，符合要求才同意开工；对特种作业人员须有上岗证，符合要求才允许上岗。

4）审查施工单位进场的施工机械，对施工机械检查合格证且安装合格报验后才同意使用。

5）结合施工图复测施工单位引测到现场的坐标控制点和高程水准点，符合要求才同意使用。

6）审核施工方提交的施工组织设计及安全施工方案，并监督施工方按已审核的施工方案实施作业。

7）审查施工单位进场的材料是否符合设计要求，对按规定复试的材料进行见证取样，检测合格后才同意使用。

8）对施工过程加强巡检抽查的频率，发现问题，及早通知施工单位整改。

9）对各种进场材料的规格、品种、数量、质量等进行检查，逐一核对是否符合设计规范要求。

10）接到施工单位检验批报验通知后，按规定的程序及时组织有关人员进行工序验收和隐蔽工程验收，符合要求后，才同意下道工序施工。

11）检查施工单位管理人员到岗及管理行为，按程序要求施工单位先自检合格后，监理再对主体施工的各道工序进行检查和验收，发现问题及时指出并落实整改，上道工序合格后才同意进行下道工序。

12）对设计变更单、联系单内容进行重点检查验收，避免遗漏。

13）检查施工单位的施工技术资料报验，要求与施工同步。

14）每月召开二次监理例会，协调处理业主、施工单位之间相关事宜，并形成会议纪要。

15）认真及时做好监理资料及监理日记。

10.2.1.2　工程进度目标控制情况

本次本体修复工程属于重点维修。主要内容有：

1）表面积尘清理；

2）微生物病害治理；

3）基岩风化加固；

4）重塑起甲裂缝空鼓、胎体粉化以及缺失的发髻；

5）对通体金箔点状脱落、金箔分层开裂卷曲起翘、金箔空鼓进行清理、通体重施大漆地仗及贴金；

6）对脱落的彩绘进行恢复等。

由于本次修复工程量较大，重塑发髻防止干燥后形制出现缩小、裂痕的反复试验，基崖加固材料试验、大漆地仗试验、打胶贴金试验等，基本占据工期的 2/3，加上大漆地仗施工需按序进行，新旧结合处极易空鼓开裂，许多地方需反复多次充填修补方能达到要求，大漆地仗施工、贴金、表面封护加固又严格受到气温控制，故在修复进度上曾一度滞后。

针对该工程的特殊性和复杂性，及时采取了以下措施：

（1）组织监理人员尽快熟悉图纸，了解本工程的特点及工程量，熟悉施工合同中确定的工程完工总目标和主体分部工程完成分目标。

（2）审查施工单位编制的施工组织设计和进度计划，审核施工部署、施工工艺、投入的施工机械、试验室设备和劳动力安排是否满足施工需要，进度计划是否满足合同工期要求。

（3）审查施工单位编制的单位工程进度计划、分部分项工程进度计划和月进度计划是否满足总进度计划要求。

（4）检查进场的施工机械、实验仪器及设备、材料和劳动力是否与施工方案相符，是否满足实际施工进度的要求。

（5）定期检查实际施工进度是否与计划施工进度相符，发现滞后及时要求施工单位采取措施调整。

（6）组织监理例会和专题例会，指出施工进度的不足，提出增加设备、人员和调整施工安排等措施和意见，对需协调的事宜进行协调。

（7）针对大漆地仗、彩绘、贴金等工序无相关标准及强制性要求，监理人员依据古建筑工程监理手册中有关工程质量检验及验收要求对大漆地仗施工基本做到无空鼓、裂缝、漏刷、流坠、皱皮；大漆表面光亮均匀一致，光滑无挡手感；颜色一致，无刷纹，相邻部位洁净。贴金箔表面施工基本做到无裂缝、顶生、空鼓、崩秧、漏贴、漏罩油；未出现金胶油洇、超亮、金木等现象，严格控制贴金工艺，要求做到饱满，大面无流坠、皱皮，小面明显处无流坠、皱皮，光亮足一致、距离1.5m 正斜视无明显痄子及微小颗粒，基本做到线条直顺、宽窄一致、流畅、到位，大面无裹楞、串族，小面明显处无裹楞、串秧，对金箔表面控制到表面色泽一致，大面无纹理刷纹、小面无刷纹；对施工中容易出现的绽口、花、飞金、洁净度等进行严格控制，在保证了传统的贴金传统工艺要求的同时，也达到了大佛修复设计方法案中的技术要求。

10.2.1.3　工程投资目标控制情况

1）认真审查施工单位编制的施工方案，在保证质量和工期的情况下，使方案经济可行，尽量避免不必要的投资增加。

2）对必需的工程变更和工程量增加部分，需待各方签认后且价格达成一致才进行施工。

3）对发生的额外签证，业主、监理和施工单位三方共同到现场察看，按实计量后才进行确认。

4）认真审核工程预算，按图纸和工程量计算规则对验收合格的工程量进行计量和工程进度款支付，避免超支现象。

10.2.2　委托监理合同纠纷的处理情况

此阶段无合同纠纷。

10.3　监理工作成效

10.3.1　工程质量目标完成情况

工程承包方的管理人员均有相应的资格证书，各种人员均持证上岗证，在整个主体工程施工过程中，安全文明施工并且能落实《施工专项方案》中的各项质量保证措施，能按照设计及规范要求完成施工；所进设备、仪器均有计量合格鉴定证书；所进场的原材料均有质量证明文件，需送检的材料均检验合格；施工的各种建筑结构材料均满足设计及规范要求。

通过监理对大佛本体验收和资料检查，主体各分项划分正确，验收记录表内容完整，主体所含各分项工程质量验收合格，质量控制资料基本完整，安全及功能检验和抽样检测结果符合要求，抽检不合格的已提出处理方案，观感质量验收合格，各主体分部暂评定合格。

本工程严格按照下列相关规范施工：

1）《中华人民共和国文物保护法》；

2）《中华人民共和国文物保护法实施细则》；

3）《中华人民共和国文物古迹保护准则》；

4）《文物保护工程管理办法》；

5）《中华人民共和国建筑法》；

6）《中华人民共和国安全生产法》；

7）《建设工程安全生产管理条例》；

8）《四川省建筑管理条例》；

9）《古建筑修建工程检验评定标准》（CJJ - 70 - 96）；

10）《民用建筑可靠性鉴定标准》（GB50292 - 1999）；

11）《古建筑修建工程质量检验评定标准 - 南方地区》（CJJ39 - 91）；

12）《施工现场临时用电安全技术规范 JGJ46 - 88》；

13）《建筑施工高处作业安全技术规范 GBJ80 - 91》；

14）《建筑机械安装技术规范 GBJ33 - 86》；

15）《建筑施工安全检查评分标准 JGJ59 - 88》；

16）《建筑工程质量检查评定统一标准 GBJ301 - 88》；

17）《建筑施工安全检查标准 JGJ59 - 99》；

18）古建筑工程监理手册有关工艺要求等相关法律法规。

10.3.2　工程进度目标控制情况

本工程主体从 2010 年 9 月 18 日开始到 2012 年 5 月 10 日结束，在施工过程中未出现人为的怠工、停工等现象，工程进度基本满足施工合同要求。

10.3.3　工程投资目标控制情况

本工程按设计施工图施工，未出现工程量增加的情况，局部有工程变更，工程价款增减不大，该主体工程没有出现较大的签证，工程投资目标完成情况与合同相符，满足投资目标控制要求。

10.4　监理工作的控制要点

1）潼南大佛本体是全国重点文物保护单位修复工程，当地政府将其列入市政重点工程，有关领多次到工地关心、视察、指导，协调解决相关问题，并提出许多宝贵意见。为监理整个工程的正常施行起到重要的作用。

2）监理人员遵照有关规范严格把关，照章办事，对施工中存在的问题决不姑息迁就，该整改的坚决整改，该返工的坚决返工，该处罚的决不手软，严格把住了安全、质量关。

3）对进场的所有原材料严格控制质量，在监理人通过发票、合格证、材质外观的视捡后，对规定送检的材料及使用材料配方比例报送当地质检部门复捡、审批后方能使用。材料抽组送捡全程监督。

10.5　施工安全监理

"安全第一"这不单单是一句口号，而是总结了无数血的教训后以法规的形式做出的一个规范与要求，而这要求要落实到工程施工的每个环节，需要工程各方不仅是要悬挂有关安全的提示标识，而是要将"安全第一"这一要求的真正意义深入到每一个参与施工人员的心中，时刻牢记、决不能存有丝毫的侥幸心。

因潼南大佛寺是旅游胜地，游客比较多，每天朝佛进香者众多，因此，必须进行封闭施工，在封闭施工过程中要时刻注意游客的安全和文物的安全，务必要做到安全文明施工。首先对各班组骨干进行安全文明施工的教育，强化安全第一，预防为主的意识。然后在由各班组骨干去宣传去带动，实行层层负责任，明确责权利，奖罚分明。

在施工现场内禁止吸烟，不准喧哗，不说脏话，更不准与游客发生纠纷，对于强行进入施工场地的游人耐心劝离。

为此，监理人员定期不定期的组织项目部、施工人员进行安全法律及法规的学习。在整个施工过程中，做到了无论工程施工人员、监理人员、业主及相关人员、包括前来视察的领导，未戴安全帽一律不准许进入工地；统一着装，下班时必须有专业人员检查有无明火；电源是否关闭，做到文明、安全施工。

上架作业一律配挂安全绳，专用机械、设备专人操作使用等严格要求，对于辅助设施的搭建，要求施工方严格照操作规程及要求，配置相关消防器材、安装各类安全指示牌、设置阻燃安全网、水平安全网、通道顶层硬质双层防护、上下步道进行软防护、施工中控制上架作业人数等措施，为工程的顺利实施至竣工无一大、小工伤事故打下了坚实的基础。

10.6　监理工作总结

文物建筑修复工作虽然在全国已实施了多年，但相应的案例较少，缺少专门针对文物建筑修复施工的规范、标准。大多只能参照其他的行业规范，文物建筑修复的传统性、多样性和专业性在多数情况在所参照的其他行业规范没有明示或明示模糊。这样，在多数情况下就会出现部分工序无据可依的空白，在这种情况下，只能依靠监理人员、施工人员坚实的专业基础知识，以及在文物建修复过程中不断积累的丰富的实际经验，再结合对所建文物的材料、配方及特殊的构造原理的认知和理解及必要的监理机制，以达到文物本体修复的最佳效果。

10.7　工程评价及后记

承担潼南大佛本体修复工程施工的单位是中国文化遗产研究院，该院长期专业从事文物保护，在文物建筑修复施工方面有着极为丰富的施工与管理经验。该院在得到大佛寺业主的通知后，组建了项目经理、相关工程技术人员参与的项目部。在潼南大佛本体修复工程的施工中，该项目部使用了的现代施工仪器、设备及材料，补充了部分设计上的不足。在工程质量、进度、安全文明施工上都能较好地接受监理人员的监督和管理，当涉及施工程序及工艺与文物修复理念及规范上有矛盾或相冲突时，能接受监理人员的说服和指导，在工程施工的全过程中监理人员没有对其发出过整改通知、罚单、不合格工序通知书。

全部工程于 2012 年 5 月圆满完成。

第 11 章 预防性保护建议

1）在大佛周边设置围栏，避免游人对本体的直接触摸；

2）在殿内严禁焚烧香、纸、油灯；

3）加强日常养护，定期对大佛表面除尘；

4）监测冷凝水与毛细渗水的影响，保持空气流通；

5）剔除大佛前部覆盖水泥，提高地面潮湿的扩散能力；

6）大佛依附山体渗水需要采取工程措施进行治理，因本次工程为大佛本体保护修复，故渗水治理工程建议申报立项。

附　录

附录 1　潼南大佛本体保护工程批文、简报及专家论证意见

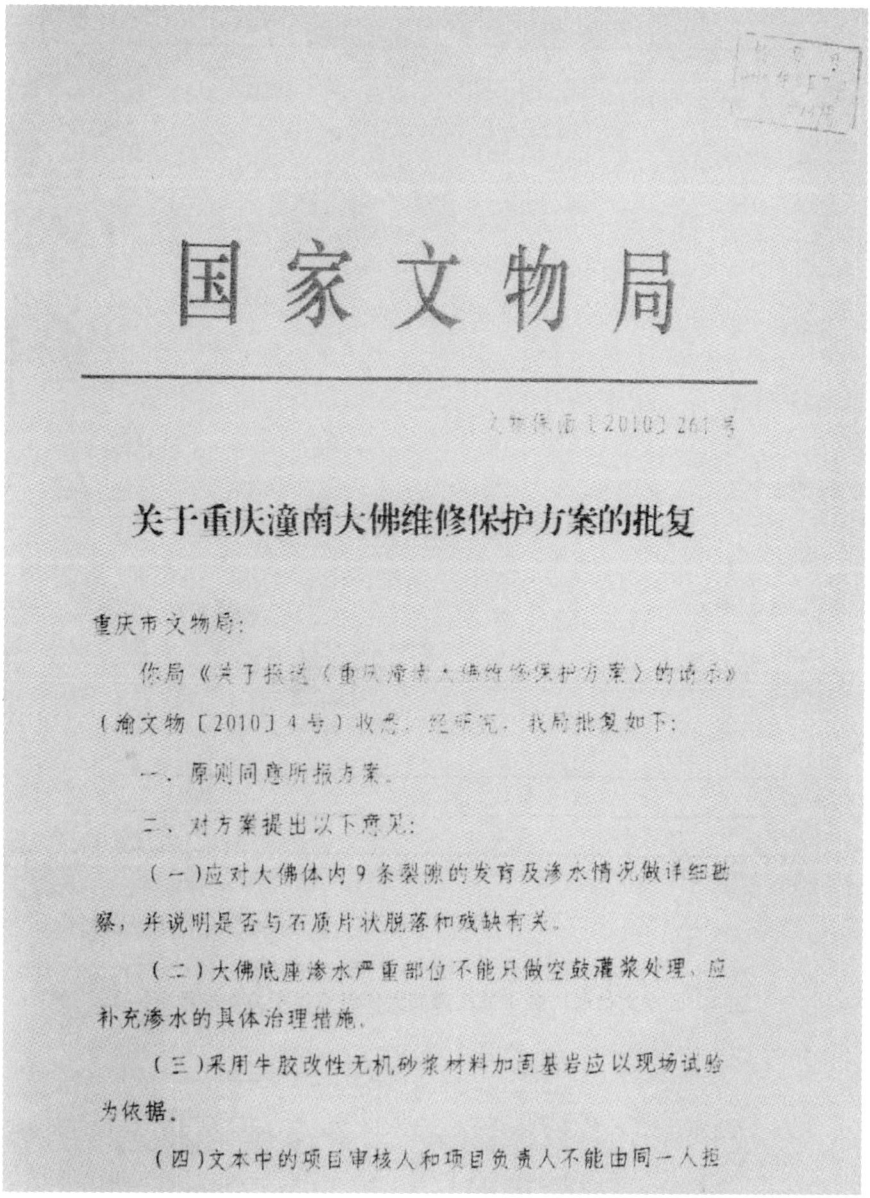

国家文物局

文物保函〔2010〕261号

关于重庆潼南大佛维修保护方案的批复

重庆市文物局：

你局《关于报送〈重庆潼南大佛维修保护方案〉的请示》（渝文物〔2010〕4号）收悉。经研究，我局批复如下：

一、原则同意所报方案。

二、对方案提出以下意见：

（一）应对大佛体内9条裂隙的发育及渗水情况做详细勘察，并说明是否与石质片状脱落和残缺有关。

（二）大佛底座渗水严重部位不能只做空鼓灌浆处理，应补充渗水的具体治理措施。

（三）采用牛胶改性无机砂浆材料加固基岩应以现场试验为依据。

（四）文本中的项目审核人和项目负责人不能由同一人担

图 1　国家文物局《关于重庆潼南大佛维修保护方案的批复》1

（五）进一步合理调整工程预算、控制预算额度。

请你局组织设计单位，按上述意见对方案进行补充、完善，由你局核准后实施，请加强监督和管理，确保工程质量和文物安全。

此复。

抄送：本局办公室预算处、财务处。

国家文物局办公室秘书处　　　　2010年4月7日印发

初校：姚可心　　　终校：蔡禹权

2

图2　国家文物局《关于重庆潼南大佛维修保护方案的批复》2

潼南大佛发髻修复施工方案论证会纪要

题目：发髻修复施工方案论证会

时间：2010 年 11 月 19 日上午

地点：潼南县大佛寺景区大佛修复办公室（玉皇殿）

参加人员：潼南县大佛寺景区管委会常务副主任刘志勇

　　　　　潼南县大佛寺景区管委会副主任舒红福

　　　　　潼南县文化广电新闻出版局局长陈春贵

　　　　　潼南县文物保护管理所所长米勇

邀请专家：

中国重庆·三峡博物馆石刻研究专家王玉研究员

大足石刻艺术博物馆研究部主任刘贤皋研究员

原潼南县文物保护管理所所长姜孝荣

主持人：潼南大佛维修保护项目负责人—中国文化遗产研究

　　　　院詹长法主任

汇报人：项目合作施工单位—河北承德畅和建筑工程有限公

　　　　司文物修复专家王福山高级工程师

主要内容：与会专家经过现场堪察，对大佛发髻病害现状做了深入了解，在会议室听取修复方案专题汇报，经过充分讨论，结合唐代在中国西南地区佛教造像佛像发髻的特征分析，达成一致意见，形成纪要如下：

图 3　《潼南大佛发髻修复施工方案论证会纪要》1

一、对发髻调研深入细致，科学实用，修缮方案、修缮技术基本可行。大佛发髻的修复，应在尊重历史基础上，充分保留历史信息。如下面三排石质发髻排列较规则，基本上是唐代遗存，在加固的基础上，应完全保留。

一、石质发髻上面的泥塑发髻，排列无序，不规则，为石质基座的黄泥塑的发髻，多为后代翻修所改变，应在尊重下面三排自身发髻的基础上重新进行修复，规整大小、补塑螺髻。材料采用油灰补塑成型的传统工艺，体现历史本来。

三、发髻之上的肉髻部分可以修补，并参照唐代中晚期中国西南地区佛教造像的风格，坡度要平缓，按"馒头"状的样式，最大限度地保持艺术造型的美感视觉，材料可按前面传统工艺。

四、大佛眉心间的园型印迹，暨"白毫"，有待进一步用科学仪器勘测，以确定其年代。建议在修复中尝试恢复。

潼南县大佛寺景区管委会

二○一○年十一月十九日

图4　《潼南大佛发髻修复施工方案论证会纪要》2

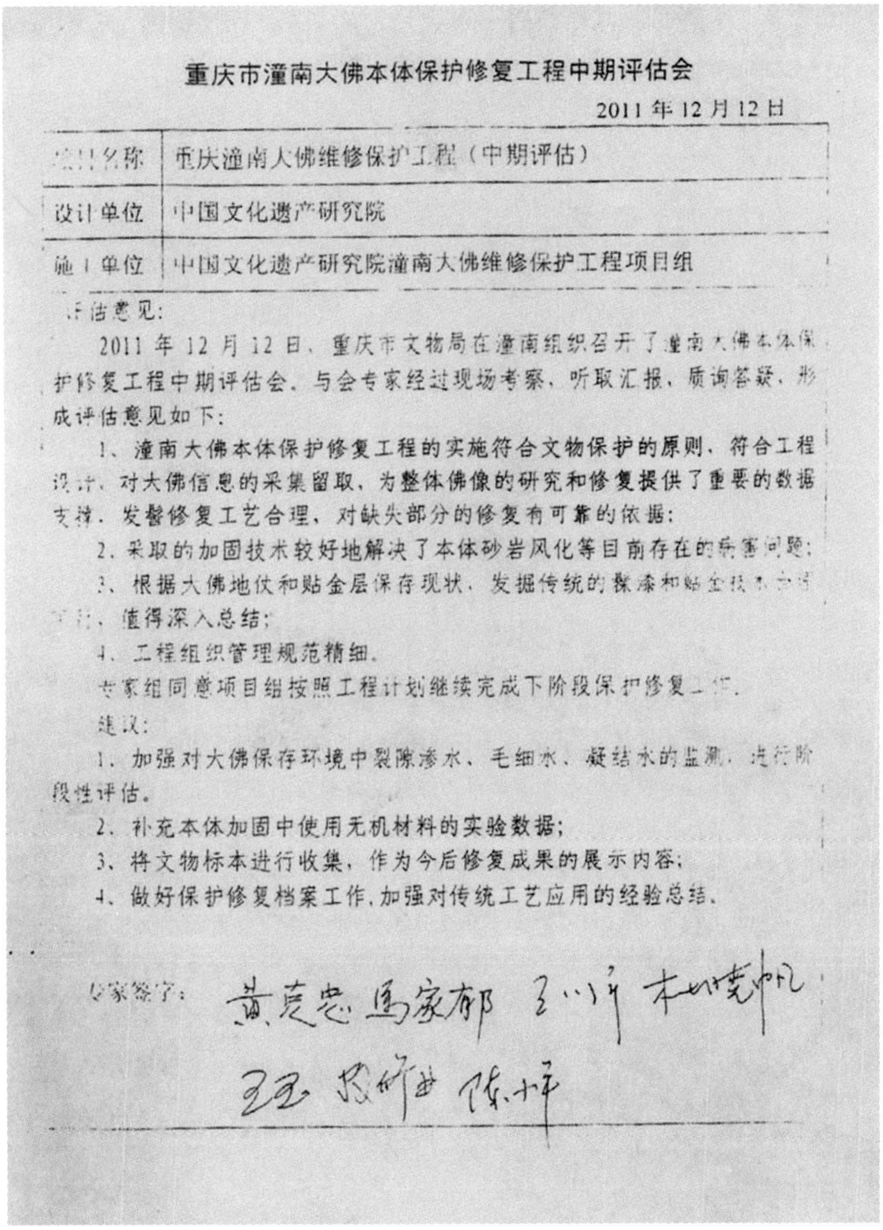

重庆市潼南大佛本体保护修复工程中期评估会

2011 年 12 月 12 日

项目名称	重庆潼南大佛维修保护工程（中期评估）
设计单位	中国文化遗产研究院
施工单位	中国文化遗产研究院潼南大佛维修保护工程项目组

评估意见:

　　2011 年 12 月 12 日，重庆市文物局在潼南组织召开了潼南大佛本体保护修复工程中期评估会，与会专家经过现场考察、听取汇报、质询答疑，形成评估意见如下:

　　1、潼南大佛本体保护修复工程的实施符合文物保护的原则，符合工程设计，对大佛信息的采集留取，为整体佛像的研究和修复提供了重要的数据支持，发髻修复工艺合理，对缺失部分的修复有可靠的依据;

　　2、采取的加固技术较好地解决了本体砂岩风化等目前存在的病害问题;

　　3、根据大佛地仗和贴金层保存现状，发掘传统的髹漆和贴金技术方法，值得深入总结;

　　4、工程组织管理规范精细。

　　专家组同意项目组按照工程计划继续完成下阶段保护修复工作。

　　建议:

　　1、加强对大佛保存环境中裂隙渗水、毛细水、凝结水的监测，进行阶段性评估。

　　2、补充本体加固中使用无机材料的实验数据;

　　3、将文物标本进行收集，作为今后修复成果的展示内容;

　　4、做好保护修复档案工作，加强对传统工艺应用的经验总结。

专家签字: 黄克忠　马家郁　王〇〇　木〇〇帆

王〇忠〇〇　陈〇平

图 5　《重庆市潼南大佛本体保护修复工程中期评估会》

会 议 纪 要

专题会议纪要 2012—5

重庆市文物局
关于潼南大佛修复效果专家评估会的会议纪要

2012 年 8 月 2 日，我局邀请国家文物局科技专家组成员黄克忠、马家郁，重庆中国三峡博物馆名誉馆长王川平，敦煌研究院研究员段修业，重庆中国三峡博物馆研究馆员王玉在潼南县行政中心一会议厅召开了潼南大佛修复效果专家评估会，潼南县委常委、县政府党组成员于贵生，县委常委、统战部长沈蓉，县政协副主席李凤英，县委办、政府办、宣传部、统战部、县旅游局、县文广新局、县大佛寺景区管委会等有关部门负责人参加了会议。与会专家现场查验了潼南大佛修复效果，听取了设计、施工单位——中国文化遗产研究院和监理单位——成都文物考古研究所的情况汇报，对潼南大佛修复效果形成评估意见。现将会议相关事项纪要如下：

—1—

图 6　重庆市文物局《关于潼南大佛修复效果专家评估会的会议纪要》1

一、整体评价

会议认为,该项目施工单位——中国文化遗产研究院在潼南大佛修复过程中,本着科学严谨态度,多学科、多部门通力合作,研究与分析贯穿始终,传统工艺、传统材料使用得当,并有机融合现代材料,施工过程精细,修复效果较好,符合设计方案的要求。

二、下一步工作建议

(一)潼南大佛本体下部由于本身渗水及毛细水引起的潮湿由来已久,对裙摆出现空鼓、起泡等问题,建议加强观察、记录,慎重处理。对于裙摆部位的装饰方式有待进一步研究确定后实施。

(二)潼南大佛体表的冷凝水、毛细渗水、围岩裂隙水等对大佛本体存在的影响,建议制定疏水、通风的可行性方案,设置连贯的疏水槽,同时加强排风。

(三)为尊重历史,符合时代风格,建议对大佛眉心白毫进行处理,可将眉心印留出浅凹形,用压显的办法使之更突出。

(四)修复过程中为保留历史信息,大佛耳朵未重新贴金的修复方式可行,但为加强整体展示效果,建议运用布光等手段进行处理。

(五)大佛殿内应严格控制宗教活动,杜绝一切火源,可采用电子灯光等代替香烛,做到文明朝拜。

(六)加强潼南大佛的日常保养和跟踪监测,中国文化遗产研究院应制定潼南大佛观测和维护的技术方案,并对有关工作人员进行技术培训。

—2—

图7　重庆市文物局《关于潼南大佛修复效果专家评估会的会议纪要》2

（七）根据潼南大佛修复实际情况，为保证大佛通风、透气，可对脚手架进行拆除。

（八）收集整理潼南大佛修复过程中的相关资料，进一步完善竣工报告，准备接受竣工验收。

参会人员：中国文化遗产研究院教授级高工、中国文物保护协会副理事长、国家文物局科技专家组成员黄克忠，四川省文物局研究院、中国文物保护协会副理事长、国家文物局科技专家组成员马家郁，重庆中国三峡博物馆名誉馆长、研究馆员王川平，敦煌研究院研究员段修业，重庆中国三峡博物馆研究馆员王玉，重庆市文物局文物保护处副处长王建国、副总工程师吴涛、干部许雨，县委常委、县政府党组成员于贵生，县委常委、统战部长沈蓉，县政协副主席李凤英，县委办、政府办、宣传部、统战部、县旅游局、县文广新局、县大佛寺景区管委会等有关部门负责人参加会议。

抄送：潼南县委、县政府、县文广新局、县文管所；
　　　中国文化遗产研究院。

重庆市文物局办公室　　　　　　2012 年 8 月 13 日印发

—3—

图 8　重庆市文物局《关于潼南大佛修复效果专家评估会的会议纪要》3

潼南大佛维修保护工程
竣工验收意见

　　2012 年 11 月 24 日上午，潼南大佛维修保护工程竣工验收会在潼南县行政中心一会议厅举行，专家组实地查验了大佛本体保护修复现场，审阅了相关竣工资料，听取了业主单位潼南大佛寺景区管理委员会、施工单位中国文化遗产研究院、监理单位成都文物考古研究所的汇报。会议就潼南大佛维修保护工程形成以下意见：

　　一、专家组认为，该工程符合《文物保护工程管理办法》相关规定，工程遵照设计要求认真实施，在维修过程中，科学严谨，研究与分析贯穿始终，传统工艺与现代材料有机融合，多学科、多部门通力合作，施工过程精细、规范，修复效果较好，工程项目质量合格，达到了设计效果和修缮目标。同意竣工验收。

　　二、相关建议

　　1、对裙摆部位进行长期监测，跟踪材料反应情况并及时制定措施；

　　2、对大佛体表的冷凝水、毛细渗水、围岩裂隙水等对大佛本体存在的影响，建议进行长期观测，治理水源。

　　3、大佛殿内应严格控制火源，可采用电子灯光等代替香烛，做到文明朝拜。

　　4、注重后期的日常保养和跟踪监测，制定详细计划对

图9　《潼南大佛维修保护工程竣工验收意见》1

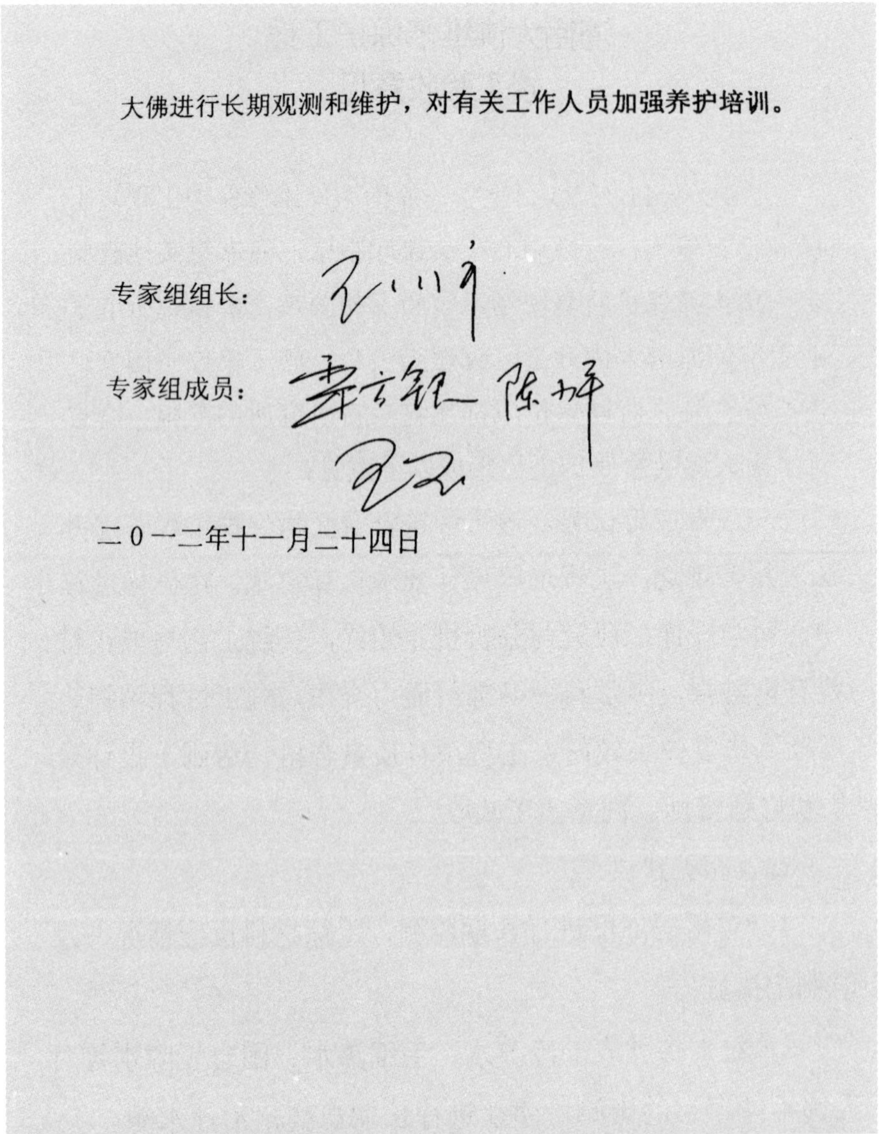

大佛进行长期观测和维护，对有关工作人员加强养护培训。

专家组组长：

专家组成员：

二〇一二年十一月二十四日

图10　《潼南大佛维修保护工程竣工验收意见》2

附录 2　潼南大佛本体保护修复方案

1　简介

　　潼南大佛位于重庆潼南县境内的大佛寺，是大佛寺景区的重要景观之一。大佛为摩崖凿造释迦牟尼佛座像，高18.43m，肩宽8.35m，肃穆端坐、神态自若，通体饰金，巍峨壮观。于唐代凿就佛首，北宋继凿佛身，南宋绍兴中后期（约1149～1153年）完成佛像饰金，虽前后历经290余年，但造像比例匀称，风格统一，雕琢细腻，工艺精湛，精美绝伦，栩栩如生。大佛头部内髻低平，饰螺发，面部圆润，表情恬静，双目耿耿有神，嘴角脉脉含笑，神态慈祥和蔼，充分体现着我佛慈悲的宽大情怀。大佛身着金色袈裟端坐，左手搭膝，右手平放于腹前，泰然自若，给人泰山崩于前而色不变之感。整个造像雕琢精细，是西南地区唐宋时期佛教造像的代表之一。

　　大佛寺位于重庆市潼南县城西北的定明山北麓，涪江南岸，距县城1.5km。具体地理位置如图1-1所示。大佛寺始建于唐咸通三年（862年），旧名"南禅寺"，北宋治平年间（1064～1067年）赐额"定明院"，因寺内有摩崖饰金大佛——潼南大佛而得名"大佛寺"，迄今已有1000多年历史。

图1-1　大佛寺区位图

　　大佛寺保存了自隋至清众多有明确纪年的儒、释、道三教126龛、928尊造像，其中隋开皇、大业天尊像是重庆地区最高的宗教造像，也是我国早期道家造像之一，尤其以潼南大佛最为引人注目，是大佛寺主要景观。大佛寺名胜众多，有我国最早使用全琉璃顶的古建筑"大像阁"、我国古代四大回音建筑之一的"石磴琴声"、全国最大的顶天"佛"字、罕见的天然回音壁"海潮音"等十八胜景；文化底蕴深厚，有历史名人、墨客的题记、碑刻、楹联100余处，为研究我国古代的政治、经济、文化、宗教、水文、书法提供了非常宝贵的实物资料。

由于自然环境因素的长期作用，潼南大佛出现了金箔脱落、分层开裂卷曲、起翘、裂隙；彩绘层颜料脱落、表面附着物、水渍、生物和岩体风化等多种病害，病害程度严重。近年来潼南地区空气污染及酸性降雨的加剧，加之大量游人和香客长期在殿堂内供奉香火，燃烧蜡纸等物质，病害程度有进一步加深的趋势。

潼南县委县政府一直十分重视潼南大佛的保护工作，如何更好地保护大佛，使之能够体现悠久的历史、高超的雕刻贴金技艺，满足人民群众的文化需求是当地政府的工作重点之一。2009年7月，潼南大佛景区管委会委托广州市白云文物保护工程有限公司和中国文化遗产研究院承担潼南大佛前期研究及保护修复方案的设计工作，以期在对大佛进行充分调查研究的基础上制定保护修复方案，改善大佛保存状况，使其得到更好的保护，同时也能服务于当地的文化和旅游建设，提高民众的文物保护意识，形成文物保护的良性循环。

根据已经完成的潼南大佛前期病害调查及研究工作，按照文物保护相关法律法规的要求，我们编制了潼南大佛保护修复方案，提出了本次保护修复的具体措施及项目概算。

2　潼南大佛历史沿革及其维修情况

2.1　潼南大佛历史沿革

定明山巅古有南禅寺，亦称南禅院。始建于唐咸通年间（843～860年），有庙三层。北宋治平年中（1064～1067年）赐额为"定明院"。唐咸通末年僧人于院前临江的悬岩峭壁上，凿大佛石像，自顶至鼻未就而弃。南宋初期，造像之风再度风行，佛、道联合，雕凿了不少龛刻造像。宋"靖康元年（1126年）佛头之后的水池池内忽生瑞莲，是岁有道者王了知自潼川中江来化邑人，命工展开像身，令与顶相称。身高八丈，耳、目、鼻、口、手、足、花坐悉皆称是"。历26年，于绍兴二十一年（1151年）竣工。整个佛像开凿工程虽分身、首两个阶段，时间跨度长达290余年，但却浑然一体，栩栩如生。佛高18.43m，坐南向北，依岩面江，脚踏江岸，头与山齐，头饰螺髻，脸形长方，面颊丰腴，鼻高唇厚，嘴角微凹，慈眉祥目；两耳垂肩，袒胸，着双领下垂外衣，左肩饰玉佩、缨珞，左手压膝，右手置腹前，赤足端坐，镌然微笑。大佛造像比例匀称，雕琢细腻，通体饰金，巍峨壮观，端庄慈祥，工艺精湛，精美绝伦，栩栩如生，惟妙惟肖地刻划展示出佛的"至上至尊"、"无为无不为"之神态。

南宋绍兴二十二年（1152年），仲春二月，"佛已成，阁已成，唯缺严饰"。主僧德修又远赴泸南（今泸州）求得笃信佛教的敷文阁直学士、左中奉大夫、潼川府路兵马都缶今、辖泸南金彩装饰佛像，还亲自撰写《皇宋遂宁县勒造石佛记》，志其始末。使这尊大佛"如金山处于琉璃阁中，金碧争光，晃耀天际，遐迩具瞻，咸叹稀有"！明山西巡抚陈讲写下"岩悬绣阁云常住，江映金身影不流"的诗句，形象地描绘出大佛及佛阁的独特景象。此后，又经历清嘉庆七年（1802年），清同治九年（1870年）、民国十年（1921年）三次重装金身，至今辉煌灿烂，光彩照人。

就在王了知命工开凿佛身的第二年，即南宋建炎元年（1127年），适逢涪江泛涨大水，不少巨大圆木冲至岩下，遂以木建阁，阁才建一层，了知便于绍兴五年（1135年）倏尔去世。寺僧德修继之，并在道者蒲智用的通力协作下，增建佛阁通为五层，皆以琉璃瓦覆之，时称大像阁。直到清雍正六年（1728 年）才由邑人邓利成易其腐朽，换檐七重，称"七檐佛阁"。这座七檐佛阁为歇山式双重殿宇，有正殿和外殿之分。正殿依岩凿孔置枋，复檐四重即与山相平，上三重叠建山顶，飞檐翘角，雕梁画栋，莫不仰望而赞其神奇，骇其嵯峨，大有"萧寺遥藏白云顶，仰观万仞排嶙峋"之概。朝香拜佛者纷至沓来，尤以农历四月八日如来诞辰，香火特旺，殿中"士女如云，群疑为神"，民国元年（1912 年）始"鸠王庇材，增其新者，葺其旧者，易其腐朽者，治其漫漶者"。至民国三年（1914 年）建成面阔五间，进深为二间的外殿与正殿相连。

正殿左侧即宋之净戒院，后改称观音殿。民国三十四年（1945 年）毁于火，翌年重建为面阔三间、进深三间的双重檐歇山式建筑。观音殿左侧为民国十一年（1922 年）增建的面阔五间、进深为三间的单檐歇山式玉皇殿。正殿右侧，有始建于宋的阁楼式古亭——鉴亭。重重古刹，建造面积八百多平方米，一字形沿江排列，组成了一个佛道合流的古建筑群鉴亭、大像阁、观音殿、玉皇殿以及依山而建的七檐大像阁等，都统称大佛寺。

大佛寺摩崖造像于 1956 年被四川省公布为第一批省级文物保护单位。

1983～2002 年，潼南县人民政府、四川省人民政府、重庆市人民政府先后行文，建立文物保护机构，设置保护标志，规定保护范围。

1985 年初，在县委、县政府和有关单位的重视和支持下，在大佛殿外征用了 34 亩土地。得天独厚的旅游资源将得到进一步的开发，扩建成一个集自然风光、园林艺术、文物古迹为一体的新的旅游胜地。

2006 年，经重庆市文物局申报，大佛寺被国务院公布为第六批全国重点文物保护单位。

大佛寺景区于 1999 年被评为重庆市风景名胜区，2006 年 8 月 28 日，在潼南县委和县政府的关怀下，成立了大佛寺景区管委会。

2.2　既往维修情况

据有关资料和大佛寺现存明确纪年题刻所载，大佛身、首的开凿年代相距甚远，佛首凿于唐咸通元年（860 年），成于广明元年（880 年），而佛身的开凿竟跨越五代乃至北宋，时间长达 250 余年。直到宋靖康元年（1126 年）始初成，此后按佛首比例展开佛身，又用了 26 年的时间，于南宋绍兴二十一年（1151 年）凿成，整座佛像开凿前后共历时 290 余年。

大佛首次贴金为绍兴二十二（1152 年），该次贴金使潼南大佛成为我国第一大金佛。

宋建炎元年（1127 年）建造"大像阁"。大像阁通为五檐，尽覆琉璃，不仅成为了巴蜀奇胜，而且还是我国较早使用全琉璃顶的古建筑之一。

元、明两代，大佛寺摩崖造像数量相对减少，但碑刻题咏相应增多；清代和民国时期，造像数量和碑刻题咏有所增加，且多为前代翻新庙宇或为造像妆彩鎏金。

清嘉庆七年（1802 年）、同治九年（1870 年）和民国十年（1921 年）就耗费巨资为大佛 3 次重妆金身。

右侧江岸的一巨大磐石上，于南宋初期建木结构古亭，名为"鉴亭"，元至正四年（1344 年）重修，民国三十年（1941 年）重建。

"大像阁"前面，于宣统三年至民国三年（1911～1914 年）建"前殿"（山门）。

民国十一年（1932 年）在观音殿左侧建"玉皇殿"。

民国三十六年（1947 年）在前殿左侧重建"观音殿"，共五座木结构古建筑，建造面积 1157m^2。

3　前期勘察

　　项目展开后，方案设计方广州市白云文物保护工程有限公司与中国文化遗产研究院，共同按照《中国古迹保护准则》、《石质文物保护文本方案制作规范》等原则展开了文物保存现状调查、制作工艺、保存环境监测、病害调查等现场研究工作，并邀请中国地质大学（武汉）进行了对大佛周边的地质勘察工作。

3.1　现状调查

3.1.1　三维激光测绘

3.1.1.1　三维激光测绘技术及仪器简介

　　1）三维测绘技术简介

　　三维测绘技术（Laser Scanning Technology）是利用三维激光扫描仪获取某标空间三维点坐标及灰度信息的一种高新测绘技术，它是一种高精度的测量手段，中、长距离的地面激光扫描仪的单点定位精度在数毫米至几十毫米之间。激光扫描与传统的单点测量（如全站仪、GPS 测量）不同，可以获取被扫对象表面成千上万个点的高精度三维坐标。

　　三维测绘技术相对于传统的皮尺加水准方式、实测法、近景摄影测量法等传统的文化遗产测绘方式，有如下优势：非接触式、无损；数据全面、生动；精度高；速度快；直观性及现实性强等。

　　2）潼南大佛三维测绘设备简介

　　三维激光扫描仪：

　　本次应用了瑞士徕卡公司生产的三维激光扫描仪 SCANSTAION（图 3 - 1），其主要性能参数如下：

　　扫描距离：最远 300m（最佳距离为 50m 以内）；

　　扫描速度：4000 点/s；

　　点位测量精度 ±3 - 6mm；

　　扫描范围：360°（水平）×270°（竖直）；

　　内置高分辨率数码相机。

　　高分辨率数码相机：

　　Canon EOS 5D，1280 万像素，水平分辨率和垂直分辨率均为 72DPI。

图 3 - 1　三维激光扫描仪 SCANSTATION

3.1.1.2　三维测绘的目的与意义

对重庆潼南大佛这一珍贵文物进行三维激光扫描的主要目的及意义在于：

1）实现文物现状的真实、完整记录

按照国际推行做法，对任何文化遗产实施保护前，首先必须对文化遗产现状进行真实、完整、全面的记录与存档，一则留存丰富真实的原始资料，二则当该文化遗产遭受不可逆性破坏时，为实施重建复原提供可靠依据。

2）辅助进行文物保存状况的全面调查与评估

通过三维扫描后的点云数据，可以建立不规则曲面格网（TIN）或进一步生成规则格网（Grid）立体模型，最终可生成具有实际尺寸和空间坐标的数字正射影像图。可在此基础上实现对其进行病害调查、数据分析等定量调查与全面评估。

3）为修复保护前后的对比分析及将来可能进行的文物修复提供依据

利用维修前后的三维扫描数据，可进行对比分析，检查其成效，亦可为今后可能涉及到的修复保护工作提供翔实依据。

3.1.1.3　三维激光测绘主要内容

本项目系潼南大佛三维测绘与信息留取。主要对潼南大佛进行三维测绘以及信息提取。主要内容：

1）潼南大佛三维激光扫描；

2）三维数据整合，建立＊.imp格式数据库；

3）潼南大佛高清晰摄影，制作数字正射影像图；

4）潼南大佛三维模型制作；

5）潼南大佛立面、剖面图制作。

6）潼南大佛头部三维模型、数字正射影像图、三维彩色纹理模型制作。

3.1.1.4　三维激光测绘工作流程与技术路线

本项目的工作流程与技术路线如图3-2。

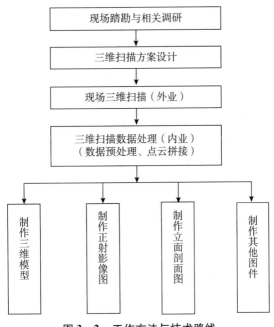

图3-2　工作方法与技术路线

3.1.1.5 三维激光测绘数据采集

1）点云数据采集

为使扫描工作尽量获取准确数据，进场前通过多种途径收集了大佛本体及现场信息，据此制定合理的扫描路线，根据采集需要确定扫描站点的布置。根据潼南大佛的现场情况和以往经验最终确定采样密度为 0.001m（每米）。

现场共设置 12 站进行扫描，布设 5 个标靶点作为控制点。扫描仪在指定的视场范围内自动寻找标靶并以极高的点密度进行精确扫描，扫描的同时将点云数据传入电脑，采用 Cyclone 软件对点云数据进行了修剪。

2）数字影像的获取

制作正射影像图需用高分辨率的数码相机进行拍摄。进行三维扫描当天，采用了 Canon EOS 5D 进行拍摄，设置照片最大像素为 4368×2912。

3.1.1.6 三维激光测绘成果汇总

在现场获取大佛的三维数据信息及高分辨率的数据影像后，通过测绘数据的后期分析、处理、建模，获得了潼南大佛的整体三维信息，主要包括：原始点云数据、大佛真三维模型、大佛正射影像图、侧面及俯视图、大佛平面、立面及剖面的矢量线图和大佛头部系列成果，以下分别进行介绍。

图 3-3　潼南大佛原始点云数据　　　　图 3-4　潼南大佛真三维模型

1）原始点云数据

利用三维激光扫描仪进行外业数据扫描，原始点云数据通过 Cyclone 软件与扫描仪相结合的形式来传输外业扫描的点云数据，存储于计算机里。外业扫描的点云数据量比较大，以数据库形式存储。原始点云数据是潼南大佛的真实的三维数据，可以永久保存，为以后的文物保护和科学研究提供基础资料与依据。原始点云数据的精度非常高，三维激光扫描精度：0.003m，点云配准的精度：0.006m，见图 3 – 3。

2）大佛真三维模型

利用原始点云数据在 Geomagic 软件构建了大佛的真三维模型，真三维模型没有纹理颜色，是潼南大佛真实尺寸的三维模型。构建好的真三维模型在 PolyWorks 软件中即可进行立、剖面图的制作，制作好的立、剖面图可以直接在 AutoCAD 中量取基本尺寸，从而提取了潼南大佛真实的数据信息，可以使现状完整的永久保存（图 3 – 4）。

3）大佛正射影像图

我们还根据纹理映射的原理，制作正射影像图，图 3 – 5 即为已经完成的潼南大佛的正射影像图。

4）侧面及俯视图

根据病害调查工作的需要，我们利用已经建立的真三维模型数据，制作了大佛的侧面及俯视图，见图 3 – 6。

5）大佛平面、立面及剖面矢量线图

根据前期完成的正射影像图，我们在 AutoCAD 软件中绘制了大佛的正面、立面及剖面图，为后续病害调查、方案设计及保护工程提供支持，见图 3 – 7 ~ 3 – 9。

通过本次精确测绘，我们获取了大佛整体及头部五官的基本尺寸：大佛整体高度 17.81m、底部宽 8.925m、肩部宽 7.490m、头部宽 3.21m、头部高 4.864m、脸部宽 2.81m、左耳宽 1.1m、左耳高 2.645m、右耳宽 1.015m、右耳高 2.675m、嘴宽 1.1m、上下嘴唇总厚度 0.35m。

6）大佛头部后期加工成果

结合本次扫描对象的特点，我们针对头部做了精细的后期制作。依托相应的三维软件，主要制作了：头部真三维模型、头部正射影像图、头部三维彩色纹理模型，如图 3 – 10、3 – 11。在此基础上还对头部模型进行了表面积（如图 3 – 12），其中脸部面积为 22.15m^2；发髻部分为 22.31m^2。

图 3 – 5　潼南大佛正射影像图

3.1.1.7　三维激光测绘总结

本项目应用先进的三维激光扫描技术进行了潼南大佛的三维实体形态的精细测量，主要成果与结论有：

1）首次获取了潼南大佛全方位、高精度、真实的信息数据，包括：高密度点云数据，高度、宽度及任意局部的尺寸数据，建立了潼南大佛真三维模型。

2）结合高清晰数码摄影手段，绘制了潼南大佛正射影像图、立面图与横、纵剖面图。

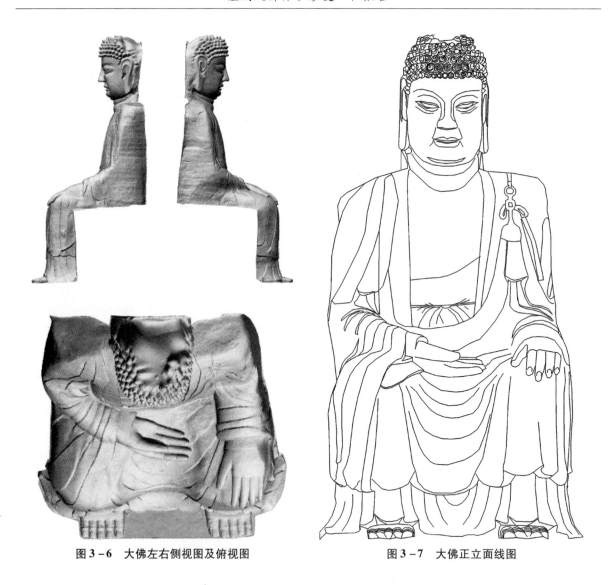

图 3 - 6　大佛左右侧视图及俯视图　　　　　图 3 - 7　大佛正立面线图

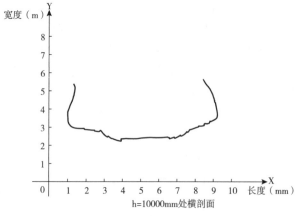

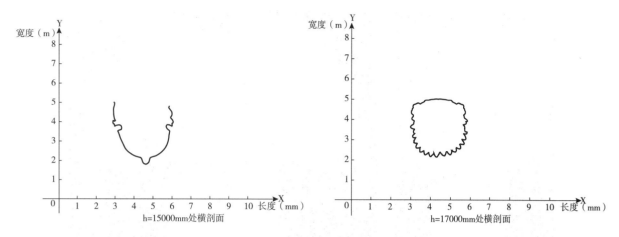

图 3 - 8　大佛不同高度横剖面线图

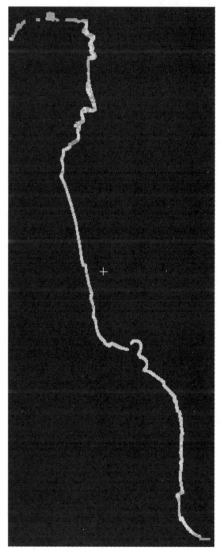

图 3 - 9　大佛纵向点云剖面图

图 3 - 10　大佛头部真三维模型

图 3 - 11　大佛头部正射影像图

图 3 - 12　大佛头部相关表面积计算结果

3）依托相应的软件，计算出潼南大佛的表面积（参考使用）。

4）根据本项目的特点，对潼南大佛的头部进行了比较精细模型的制作和体积、表面积的计算。

5）本次采集了潼南大佛真实的三维信息，在以后的科学研究中，可以重新布设控制点来采集标靶点的坐标，从而可以重新配准拼站，获得国家或地方坐标系下的真实三维点坐标。

6）本项目仅从测绘和建筑角度对三维扫描后的数据库中进行了部分提取与加工，在今后的保护修复工作中，不同领域的专家可根据其特殊需求提取相应数据或进行进一步数据加工。

总之，通过三维扫描测绘，建立了可永久保存的潼南大佛信息数据库，为其保护修复与展示等工作奠定了基础。在此基础上对潼南大佛的相关信息进行了提取，对以后的科学研究、保护决策等均具有重要意义。

3.1.2　大佛表面装饰结构与材质分析

3.1.2.1　大佛表面装饰及表面处理工艺分析

重庆潼南大佛造像跨越了唐、宋、元、明、清以及近现代的时期，是中国四川、重庆地区三维石刻造型与二维贴金、彩绘相结合的佛教艺术精华的代表作之一。通过现场勘查与取样分析潼南大佛属于地方特色明显的南方贴金、彩绘大佛，经过现场实地考察结合地方传统工艺调研，确定潼南大佛的典型制作工艺如下（图3-13）：

图 3 - 13　潼南大佛的典型制作工艺

整体来说潼南大佛表面处理以贴金处理工艺为主，局部辅以彩绘涂装，所以其表面处理工艺分为表面贴金及局部彩绘两大类型，这两种处理在大佛表面分布情况参见图3-14。由于潼南大佛自始开凿至完成，经历了多次维护与修整，现场考察显示大佛存在重彩、重金现象，大佛具体贴金及彩绘工艺结构参见图3-15和3-16。

经现场显微成像仪分析，贴金处理在大佛不同部位的实施次数有所不同，大佛表面局部存在多次贴金现象，尤其脸部贴金最多部位层数高达5层（图3-17中为揭取表面4层）。关于厚度调查，目前市售（南京金箔厂）金箔单层0.1μm，由于现场调查中无法获取单层（未带黏结层），所测得

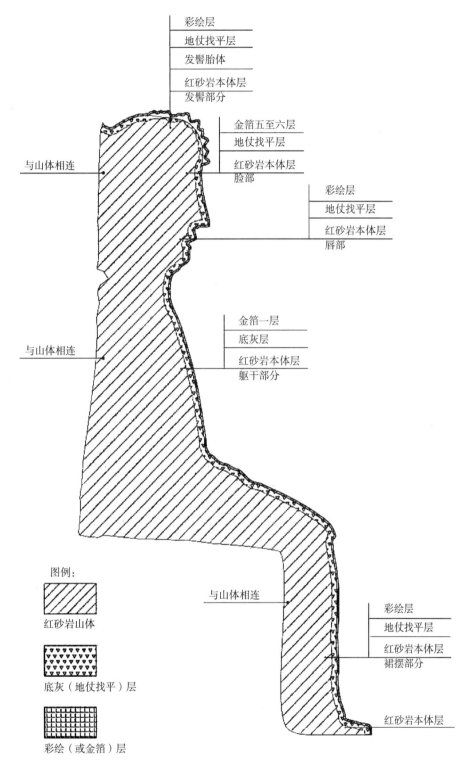

彩绘层
地仗找平层
发髻胎体
红砂岩本体层
发髻部分

金箔五至六层
地仗找平层
红砂岩本体层
脸部

与山体相连

彩绘层
地仗找平层
红砂岩本体层
唇部

金箔一层
底灰层
红砂岩本体层
躯干部分

与山体相连

图例：

红砂岩山体

底灰（地仗找平）层

彩绘（或金箔）层

与山体相连

彩绘层
地仗找平层
红砂岩本体层
裙摆部分

红砂岩本体层

图 3 - 14　潼南大佛表面贴金、彩绘工艺分布示意图

的金箔层厚度约达 1.5μm，推测可能为金下漆层厚度较大所致。脸部贴金层数分析见表 3 - 1；躯干部分经显微成像仪分析贴金多为 1 层，局部也有 2 层现象，参见图 3 - 18。彩绘部分的多重修复情况见图 3 - 19。

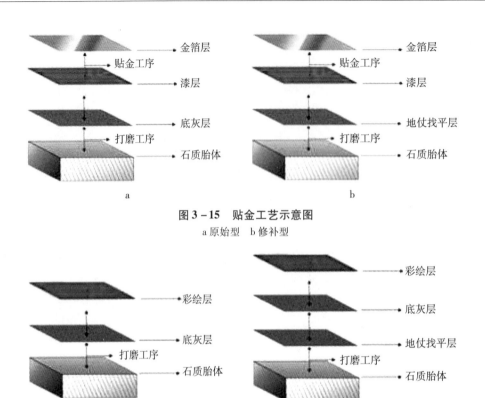

图 3 - 15　贴金工艺示意图

a 原始型　b 修补型

图 3 - 16　彩绘工艺示意图

a 原始型　b 修补型

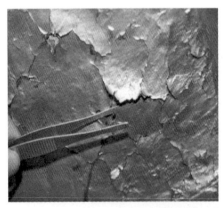
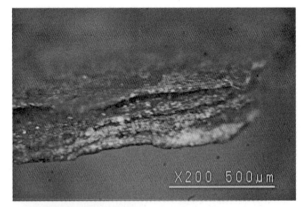

图 3 - 17　鼻孔处金箔开裂及金层显微照片

表 3 - 1　脸部贴金层数分析

典型区域	贴金层数
下颚部位 H - 2 - 4	4
脖子部位	2
鼻孔仰视处	5
右侧下脸颊 H - 2 - 2	2

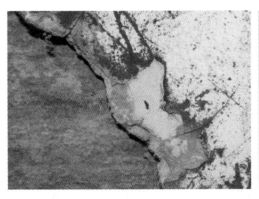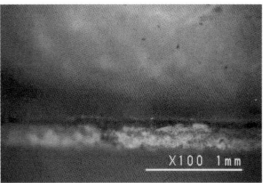

a

b

图3-18 躯干贴金层显微照片

a 躯干右侧 S3-1 为1层   b 躯干左侧 N6-3 为2层

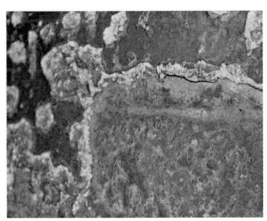

图3-19 多层彩绘显微照片

3.1.2.2 基岩及发髻胎体材料分析

1）测试目的

分析大佛本体岩石的岩相、晶相、组成物质的百分含量。

2）测试方法及设备

（1）透光显微镜；

（2）Philips X'pert PANalytical 多晶 X 射线衍射仪（XRD）；

（3）美国 EDAX，XRF – 1800 型的 MicroXRF Analysis X 射线荧光全元素分析仪（XRF）。

3）实验数据分析

（1）岩相

取与大佛山体相连的新鲜基岩，经透光显微镜做岩相检测其构造，为砂屑结构，块状构造，砂屑成分主要为石英、长石，少量白云母，胶结物成分主要为碳酸盐和褐铁矿，砂屑粒度为 0.05 ～ 0.10mm，砂屑形状为次棱角 ～ 棱角状，属于红色细粒长英质砂岩，见图 3 – 20。

图 3 – 20　新鲜岩石透光显微镜（正交偏光）放大 160 倍

（2）检测结果表（表 3 – 2、3 – 3）

表 3 – 2　新鲜岩石分析结果表

采样点	分析手段	结果
新鲜岩石	XRD	石英、高岭石，包括少量方解石、钠长石、云母等
新鲜岩石	XRF	长英质砂岩

表 3 – 3　X 射线荧光光谱仪（XRF）检测分析成分含量

成分	质量百分含量（%）	成分	质量百分含量（%）
SiO_2	56.7	V	0.006
Al_2O_3	10.6	Zn	0.007
Fe_2O_3	2.94	Rb	0.006
MgO	2.32	Zr	0.02
CaO	9.0	Ba	0.09
Na_2O	2.17	F	0.06
K_2O	1.60	Mn	0.08
S	0.02	Ti	0.07

4）检测结论

大佛本体基岩经测试分析主要为石英、长石的红色细粒长英质砂岩。

3.1.2.3　底灰层分析

1）测试目的

分析大佛底灰层的晶相、层位关系。

2）测试方法及设备

（1）Philips X'pert PANalytical 多晶 X 射线衍射仪（XRD）；

（2）尼康 LV150/LV100D 金相显微镜。

3）测试数据分析

（1）晶相

取正立面 2 - 2 底灰层经过 XRD 分析显示其组分为碳酸钙，由此可见底灰层由石灰制作而成。

（2）层位关系

底灰层的一般厚度为 1 ~ 3mm，由图 3 - 21 可知，金箔层下方即为泛白色的底灰层。

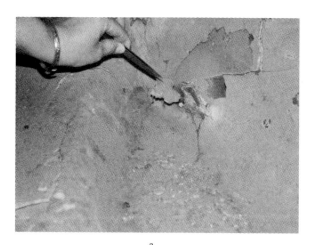
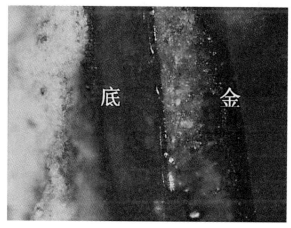

a　　　　　　　　　　　　　　　　　　　　b

图 3 - 21　H3 - 2 底灰层照片图

a 取样位置照相　b 金相显微镜照相

4）检测结论

底灰层的主要成分为石灰。

3.1.2.4　地仗找平层分析

1）测试目的

分析大佛地仗找平层晶相、元素组成、石膏拉曼峰、层位关系及大佛主要分布区域。

2）测试方法及设备

（1）Philips X'pert PANalytical 多晶 X 射线衍射仪（XRD）；

（2）美国 EDAX，XRF - 1800 型的 MicroXRF Analysis X 射线荧光全元素分析仪（XRF）；

（3）LABRAM 法国 DiLor SA 拉曼光谱仪（Raman）；

（4）相机、尼康 LV150/LV100D 金相显微镜。

3）测试数据分析

（1）检测结果表（表 3 - 4）

表 3 - 4　地仗找平层分析结果表

采样点	分析手段	结果
S - 7 - 2	XRD	石膏、石英、高岭石、方解石、伊利石、绿泥石等
S - 7 - 2	XRF	C、O、Ca、Si、Mg、S、Fe、Al
1 - 3	Raman	石膏
S - H2 - 4	IR	石灰、石膏

（2）层位关系及大佛主要分布区域

大佛的调查过程中发现多处部位有后期修复或地仗找平的现象，如肩膀处 S - 7 - 1、佛身侧面 S - 7 - 2、裙摆处 1 - 3、胸部 6 - 1，后期修补中存在采用石膏作为修补材料的现象。找平层的厚度不一，大部分均较薄，但局部如肩膀部位超过 1cm。图 3 - 22 为后期修补部位的检测照片，从 3 - 22b 中得知地仗找平层为白色泛绿，有发霉的迹象，且表面空洞多处，疏松，与此处潮湿度大有关。

a　　　　　　　　　　　　　　　　b

图 3 - 22　后期修补的部位检测照片

a 1 - 4 区域照片　b 金相显微镜图

4）检测结论

地仗找平层主要含有石膏。

3.1.2.5　金箔

1）测试目的

分析金箔微观形貌、元素组成、组成物质含量。

2）测试方法及设备

（1）相机、尼康 LV150/LV100D 金相显微镜、HITACHI 的 S - 4800 型扫描电子显微镜（SEM）

（2）X 射线荧光全元素分析仪（XRF）

（3）PHI Quantum 2000 X 射线光电子能谱仪（XPS）

3）测试数据分析

（1）微观形貌

金箔表面微观结构进行测试和研究，显示表面的金箔覆盖有灰尘颗粒，整体上处于胶结力较差，有多处裂隙发育的状态（图 3 - 23）。

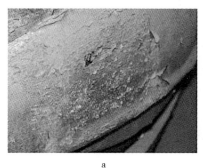  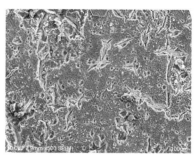

a b c

图 3 – 23 H6 – 4 金箔照片图

a 金箔照片图　 b 金相显微镜图　 c SEM 照片

（2）检测结果表（表 3 – 5）

表 3 – 5　金箔分析结果表

采样点	分析手段	结果
2 – 4	XRF	Au（主要成分）、C、O、Ca、Al
10 个样点	XPS	Au（87.9% ~ 100%）、Ag（0 ~ 12.1%）
H6 – 4	XRD	Au

4）检测结论

金箔层主要成分为 Au，部分金箔含有少量的 Ag。

3.1.2.6　金下漆层

1）测试目的

分析金下漆层微观形貌、无机元素晶相、有机物质红外光谱。

2）测试方法及设备

（1）相机、尼康 LV150/LV100D 金相显微镜；

（2）X'pert PANalytical 多晶 X 射线衍射仪（XRD）；

（3）Perkinelmer Spotlight 200 型红外光谱仪（IR）。

3）测试数据分析

（1）微观形貌

从图 3 – 24b 可得知，金下漆层为发亮的暗红色物质，经过显微肉眼观察也知，金箔背面有发亮点状物质。

（2）检测结果表（表 3 – 6）

表 3 – 6　金下漆层分析结果表

采样点	分析手段	结果
H6 – 4	XRD	HgS
H6 – 4（后期）	IR	桐油、大漆
H3 – 2（早期）	IR	桐油、大漆

a　　　　　　　　　　　　　　　　　　　b

图 3 - 24　H6 - 4 金下漆层照片图
a 金箔照片图　b 金下漆层金相显微镜图

4）检测结论

金下漆层主要成分桐油、大漆、朱砂。分为早期（紧邻底灰层）及后期（多层贴金层表层）两种金下漆层，经过红外光谱两者均与大漆及桐油的叠加峰吻合，对于贴金上千年的有机物无法单凭红外光谱来鉴定，但是现代的技术还难以达到对于固化及风化上千年有机物的提取萃取技术，从而无法进行色谱仪等的测试。

3.1.2.7　彩绘颜料分析

1）测试目的

分析金下漆层微观形貌、无机元素晶相、有机物质红外光谱。

2）测试方法及设备

（1）相机、尼康 LV150/LV100D 金相显微镜；

（2）X'pert PANalytical 多晶 X 射线衍射仪（XRD）；

（3）Perkinelmer Spotlight 200 型红外光谱仪（IR）。

3）测试数据分析（表 3 - 7）

表 3 - 7　彩绘颜料分析结果表

编号	采样点	颜色	分析手段	结果
1	发髻 f3 - 19	黑色	SEM、Raman、XRF、XRD、IR、显微	颜料：炭黑
				粘接物：酰胺类含苯环有机物
2	H5 - 2 眼角	蓝色	Raman、显微	蓝铜矿 - 碱式碳酸铜
3	H3 - 3 嘴角	红色	Raman、显微	朱砂
	1 - 4 裙摆	红色	IR、XRF、显微	非矿物颜料
4	1 - 2 裙摆处	黄色	Raman、显微	$Pb_2Sb_2O_7$
	6 - 1 胸部	黄色	Raman、显微	$ZnCrO_4$
	4 - 3 指甲盖处	黄色	Raman、XRD、显微	$ZnCrO_4$

4）测试结论

大佛表面彩绘涂装所采用的颜料主要有黑、蓝、红、黄几种颜料，集中分布在头部、胸部益绦、下部裙摆等部位，黑色彩绘主要分布于发髻、眉毛、眼睛、嘴唇、裙摆处，检测结果为炭黑；左眼角有残留深蓝色颜料为蓝铜矿－碱式碳酸铜；红色无机颜料仅存在于嘴角处，检测为朱砂；黄色颜料的检测主要有三处、两种颜料为 $Pb_2Sb_2O_7$ 和 $ZnCrO_4$。

3.2　水文地质勘察

2009 年度项目协作方中国地质大学（武汉）组织相关人员对潼南大佛及其周边环境进行工程地质勘察，该次工程地质勘察查明了大佛寺景区的工程地质、水文地质条件，大佛的岩性结构，详细调查大佛的工程地质病害，为保护工程设计提供科学依据。勘察结论与相关建议如下：

1）场区内地质构造较简单，未见褶曲。总体而言，区域稳定性较好。受区域构造的影响主要发育有三组裂隙，分别为构造裂隙、卸荷裂隙和层面裂隙。其中构造裂隙、卸荷裂隙对陡崖岩体稳定性影响较大，产状分别为 $115°\sim145°\angle80°\sim85°$ 和 $25°\sim55°\angle70°\sim80°$（表3－8）。

2）大佛寺内陡崖的地层岩性为侏罗系中统上沙溪庙组（J_2s）中厚层～巨厚层状石英长石砂岩，中细粒结构，钙质胶结。砂岩陡崖下部为紫红色泥岩夹薄层状砂岩。砂岩陡崖顶部覆盖第四系更新统（Q_3）褐黄色含砾石粉质黏土。覆盖层厚度 $4\sim6m$。

表 3－8　潼南大佛寺砂岩陡崖裂隙调查成果表

裂隙编号	裂隙产状（°）	隙宽（cm）	描述
J_1	$138\angle69$	上部 $5\sim8$，下部 $0.3\sim0.5$	构造裂隙，沿裂隙发育冲沟，裂隙面粗糙，有黏土充填，裂隙上部隙宽较大，下部变窄
J_2	$70\angle80$	0.5	构造裂隙，裂隙面平直，无充填
J_3	$25\angle85$	$2\sim3$	卸荷裂隙，无充填
J_4	$105\angle85$	$10\sim15$	卸荷裂隙，无充填，裂隙面弯曲
J_5	$20\angle80$	0.2	卸荷裂隙，泥土充填
J_6	$136\angle$	$2\sim3$	构造裂隙，碎石土充填，裂隙面粗糙
J_7	$25\angle85$	$1\sim2$	卸荷裂隙，隙间有树根发育，裂隙延伸至崖顶
J_8	$120\angle83$	0.2	构造裂隙，无充填，裂隙弯曲
J_9	$48\angle82$	0.1	卸荷裂隙，无充填
J_{10}	$130\angle85$	0.2	构造裂隙，延伸至崖顶，无充填
J_{11}	$110\angle80$	0.1	构造裂隙，延伸至崖顶，无充填，裂隙面弯曲
J_{12}	$40\angle80$	$1\sim3$	卸荷裂隙，延伸至崖顶，无充填
J_{13}	$80\angle85$	$30\sim50$	构造裂隙，裂隙面粗糙，裂隙中设有下水管道
J_{14}	$158\angle83$	$1\sim3$	卸荷裂隙，无充填，裂隙面弯曲
J_{15}	$35\angle85$	闭合	构造裂隙，无充填，裂隙面弯曲
J_{16}	$30\angle70$	$0.1\sim0.3$	卸荷裂隙，无充填，岩体较破碎，裂隙弯曲

续表

裂隙编号	裂隙产状（°）	隙宽（cm）	描述
J$_{17}$	55∠85	0.1~0.2	构造裂隙，裂隙弯曲，无充填
J$_{18}$	102∠70	1~2	构造裂隙，裂隙延伸至崖顶，裂隙间有草木生长
J$_{19}$	120∠85	0.2~0.3	构造裂隙，延伸至崖顶
J$_{20}$	255∠87	0.5~1	构造裂隙，略显波状起伏，下部有泥质充填
J$_{21}$	15∠75	0.2	卸荷裂隙，平行于崖壁，裂隙面平直，无充填
J$_{22}$	50∠86	100~150	卸荷裂隙，内有碎石土充填，有树木生长，切穿了玉皇殿后的岩体
J$_{23}$	50∠83	8~25	卸荷裂隙，沿裂隙有树木生长，裂隙面粗糙
J$_{24}$	55∠70~85	0.1	卸荷裂隙，顺崖壁呈弧形，倾角上部较小，下部较大

　　3）潼南大佛陡崖的岩性结构以中厚层~巨厚层状砂岩为主，其中发育有3层泥岩夹层。总体上看，岩体的完整性较好。崖体砂岩为软岩，局部风化，景区砂岩的岩体基本质量等级为Ⅲ级。大佛寺建筑地基为泥岩，岩石强度为极软岩，表面风化，泥岩的岩体基本质量等级为Ⅳ级。大佛寺砂岩和泥岩的软化系数较小，软化性强，抗冻性和抗风化能力弱，属于工程地质性质较差的岩石。

　　4）研究区内北以涪江、大桥沟为界，南以佛湾至石碾村为界东以小桥湾冲沟为界，西以佛湾的冲沟为界，构成一个相对独立的水文地质单元。陡崖顶部的地貌为坪顶状丘陵。砂岩陡崖顶部覆盖有第四系松散堆积物，厚度4~6m。大佛寺上方为崖顶的汇水洼地，分布有水田、放生池、水塘鱼塘等。潼南大佛的头顶犹如顶着一盆水，这是造成大佛寺渗水的主要原因。陡崖砂岩岩体中发育的构造裂隙、层面裂隙和卸荷裂隙相互交切构成岩体渗流通道和储存空间。地下水主要在岩体裂隙网络中渗流。因此，大佛寺的渗水主要是基岩裂隙水。研究区内的地下水补给来源主要是大气降水和崖顶的生产生活用水。大气降水和生活用水在第四系松散堆积体中垂直渗流。在砂岩裂隙网络中沿倾斜的构造裂隙和卸荷裂隙产生向下的垂直渗流，沿层面裂隙或砂岩泥岩的交界面产生水平方向的渗流，总的渗流方向是由砂岩陡崖顶部通过岩土体朝向涪江渗流。研究区内以涪江为排泄基准面。地下水在陡崖下部以泉水的形式排泄或以潜流的形式向涪江排泄。当陡崖切穿含水裂隙时，就会在陡崖上出现渗水或泉水（图3-25）。

　　5）因砂岩陡崖底部的泥岩易软化泥化，常形成凹腔，造成陡崖带发生危岩崩塌。在陡崖段有多处危岩，局部治理工程正在施工。本次调查在大佛阁内岩壁局部也发现有不稳定或欠稳定岩体，故建议对危岩体进行灌浆或锚固治理。

　　6）潼南大佛渗水病害较为严重。渗水对大佛造成侵蚀，并容易引起苔藓、溶蚀、风化等病害的发生。建议进行灌浆、堵漏等综合治理。并在崖顶设置完整的排水系统。

　　7）大佛景区有涪江经过，并在景区南部发生转向，对景区南门岸坡造成侵蚀，坡底的泥岩夹薄层砂岩受河流冲刷侵蚀作用，易形成凹腔，影响景区岸坡稳定。应采取适当措施进行护坡加固（图3-26）。

　　8）由于年代久远，在长期地质营力的作用下，大佛的金箔破损，底灰层脱落，岩体风化较为严重。建议采用短锚杆加固厚片状剥离体，针管灌浆加固岩体表层空鼓区。对风化岩体表层进行加固，是修复底灰层和金箔的前提。恢复脱落的底灰层，然后回贴金箔。

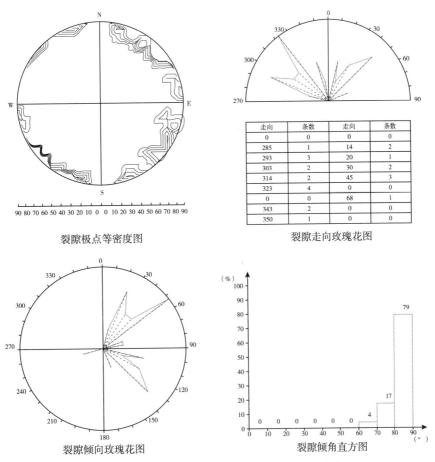

走向	条数	走向	条数
0	0	0	0
285	1	14	2
293	3	20	1
303	2	30	2
314	2	45	3
323	4	0	0
0	0	68	1
343	2	0	0
350	1	0	0

裂隙极点等密度图　　　　　　　　　　　　　裂隙走向玫瑰花图

裂隙倾向玫瑰花图　　　　　　　　　　　　　裂隙倾角直方图

图 3 – 25　陡崖裂隙等密度图、玫瑰花图及倾角直方图

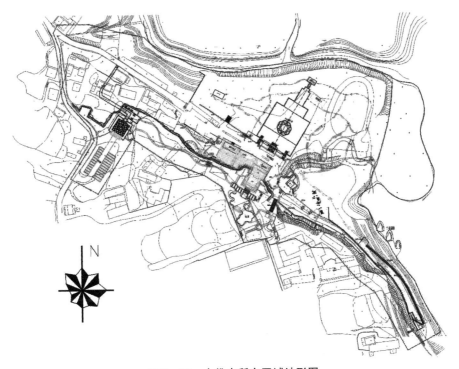

图 3 – 26　大佛寺所在区域地形图

3.3 保存环境监测

潼南大佛材质属于砂岩质地，其病害的发生、发展与变化与周边环境有着密不可分的关系，为了更为准确认知大佛病害的诱因及其周边环境的相互关系，我们展开了潼南大佛所处潼南县气象数据统计分析、大佛及小微环境温湿度露点温度监控、酸雨影响、地下水及表面水活动影响、大佛历年浸没水位考察等研究工作，现将环境监测工作简述如下。

3.3.1 潼南县大环境

潼南大佛位于重庆市潼南县，境内气候属亚热带温暖湿润季风气候，雨量充沛、四季分明。春季冷空气活动频繁，盛夏伏旱较多，初夏与秋季多绵雨，冬季较暖，霜雪不多。潼南县的气候受盆地四周的影响较大。大气环流冬季受西伯利亚高压影响，盛行大陆气候；夏季受太平洋高压影响，盛行海洋暖湿气候；春秋两季为大陆气候与海洋气候的过渡季节。县境气候随地形的变化而变化，受地形和大气环流的影响，云雾较多，日照较少。因四周高山，北方冷空气不易进入，水气不易散失，导致潼南县常阴霾寡照，湿度较大（表3－9～3－11）。通过潼南县气象数据进行统计与分析，得出以下结论：

1) 潼南县2004～2008年5年内平均相对湿度为81.3%。四个季节中，冬季的平均相对湿度最高，达90%，夏季湿度最低，为75%。总体湿度较大。

2) 潼南县2004～2008年平均水汽压为179hPa。统计表明：每年的5～9月份水汽压明显高于其他月份的水汽压。

3) 潼南县2007～2009年雨水pH的平均值为4.93，表明该地区酸雨现象严重。其中，2007年1月份和3月份酸雨最为严重，pH达到4.03和4.12。

4) 潼南县2004～2008年五年的日平均气温为18.2℃。一年中最冷月为1月，平均气温6.7℃，最低达到零下1.5℃；最热为8月，平均气温分别28.5℃和27.8℃，最高气温达到42.2℃，温差变化很大。

5) 潼南县2004～2008年平均降水量955.3mm，最高年降水量1085.8mm，最低年降水量为709.5mm；四季降雨分布不均，夏秋两季降雨最多，总量达735.4mm，占全年降雨量的78.3%；平均降雨天数为136d（日降雨量≥0.1mm）；日降雨量25～49.9mm的大雨天数，平均每年为5.8d；暴雨天数平均每年2.4d（≥50mm）。

表3－9　2004～2008年潼南县平均气温数据

月份 \ 指标	2004年月平均气温（℃）	2005年月平均气温（℃）	2006年月平均气温（℃）	2007年月平均气温（℃）	2008年月平均气温（℃）	每月平均气温（℃）
1	7.5	6.5	7.1	7.0	5.5	6.7
2	9.6	8.1	8.4	12.3	7.0	9.1
3	13.3	13.1	13.3	14.3	15.5	13.9
4	20.1	20.0	19.1	18.0	19.1	19.3
5	21.4	22.7	23.0	25.5	23.9	23.3
6	23.4	26.4	25.4	25.0	26.4	25.3

月份 指标	2004 年月 平均气温 (℃)	2005 年月 平均气温 (℃)	2006 年月 平均气温 (℃)	2007 年月 平均气温 (℃)	2008 年月 平均气温 (℃)	每月 平均气温 (℃)
7	27.7	27.5	30.6	27.5	29.1	28.5
8	27.4	24.4	31.9	29.7	25.9	27.8
9	22.7	24.7	23.5	23.9	25.1	24.0
10	16.4	16.9	20.2	18.2	20.0	18.3
11	12.8	13.3	14.4	14.1	14.0	13.7
12	8.5	7.8	8.5	9.6	8.8	8.64
年平均气温	17.6	17.6	18.8	18.8	18.4	—

表 3 – 10　2004 ~ 2008 年潼南县相对湿度数据

月份 年份	2004 年 相对湿度	2005 年 相对湿度	2006 年 相对湿度	2007 年 相对湿度	2008 年 相对湿度
1	83	85	84	86	92
2	83	83	86	75	85
3	83	77	77	72	82
4	76	74	72	74	81
5	80	79	73	65	77
6	86	79	79	82	80
7	76	77	70	84	80
8	79	83	53	72	89
9	87	75	75	81	86
10	90	86	86	88	89
11	90	86	90	92	89
12	89	81	87	90	92
平均相对湿度	83.5	80	78	80	85

表 3 – 11　2007 ~ 2009 年潼南县每月雨水 pH 平均值

月份 指标	2007 年每月 雨水 pH 平均值	2008 年每月 雨水 pH 平均值	2009 年每月 雨水 pH 平均值
1	4.22	4.92	5.12
2	4.32	4.93	5.00
3	4.56	4.89	4.97
4	4.46	4.87	5.09

续表

月份 \ 指标	2007 年每月雨水 pH 平均值	2008 年每月雨水 pH 平均值	2009 年每月雨水 pH 平均值
5	4.81	4.90	5.07
6	4.92	5.02	5.03
7	5.00	5.03	4.96
8	5.17	5.01	5.01
9	5.14	5.10	—
10	5.05	5.01	—
11	5.01	4.95	—
12	4.96	4.95	—
年雨水 pH 平均值	4.80	4.96	5.03

3.3.2　大佛及小环境监测

为了更加准确的了解大佛周边环境情况，我们采用 Hygrolog N72 型温湿度记录仪（精度 ±1% RH，±0.3℃，0～100% RH 无结露，测量范围 −50℃～200℃）对潼南大佛本体周围的温湿度进行实时监测工作（图 3 - 27）。共在潼南大佛不同部位布设 7 个点做温湿度检测点进行在位检测，通过 2009 年 9～12 月的监测（图 3 - 28、3 - 29，表 3 - 12、3 - 13），得到如下结论：

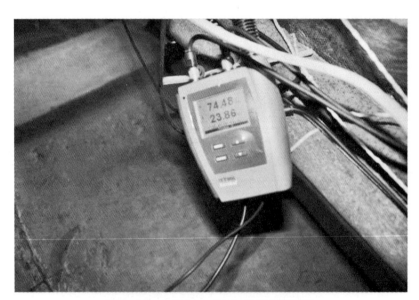

图 3 - 27　佛身正中（P_1）温湿度测试照

1）大佛佛身西侧上部、下部均比大佛佛身东侧湿度稍大，中部接近，但两侧中部湿度比佛身正中湿度较大；西侧的上部、中部、下部均比东侧温度低，但两侧的中部与正中的温度相同。

2）大佛佛身上部湿度 < 中部湿度 < 下部湿度；西侧上部与下部温度相比其他部位温度稍低，这与大佛基岩结构相关：西侧有严重的渗水点，TDS（总离子浓度值）的数值为 240ppm。

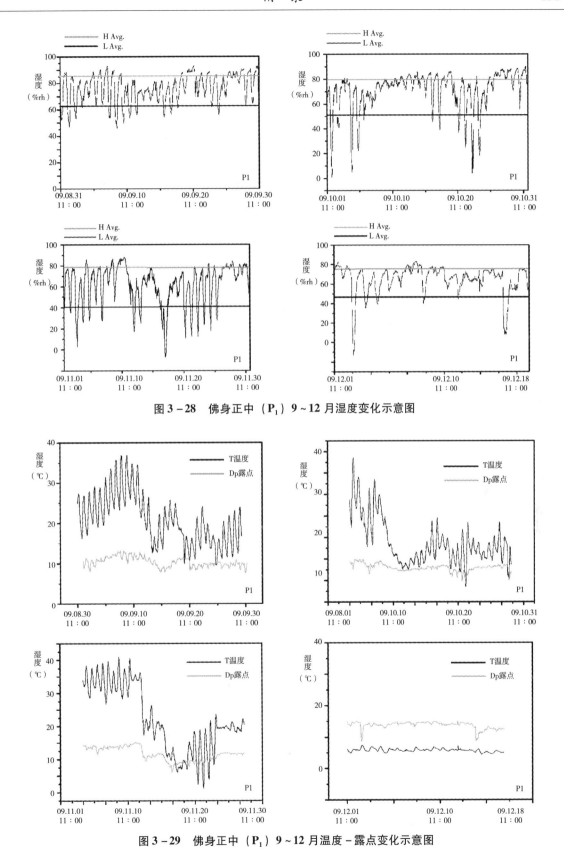

图 3 – 28　佛身正中（P₁）9 ~ 12 月湿度变化示意图

图 3 – 29　佛身正中（P₁）9 ~ 12 月温度 – 露点变化示意图

表 3 – 12　7 个监测点的平均湿度和平均温度

	平均湿度（%）	平均温度（℃）
佛身正中（P_1）	79.5	23.0
佛身东侧上部（P_5）	76.9	23.6
佛身东侧中部（P_6）	80.2	23.6
佛身东侧下部（P_4）	83.2	23.0
佛身西侧上部（P_2）	77.2	19.2
佛身西侧中部（P_7）	80.2	23.0
佛身西侧下部（P_3）	84.3	22.2

表 3 – 13　大佛正中（P_1）位置 9 ~ 12 月湿度平均值统计

	9 月	10 月	11 月	12 月
最高平均值（%）	85	80	79	75
最低平均值（%）	63	51	41	48
极差（%）	22	29	38	27

3）9 ~ 12 月温湿度测试显示，7 个测试点在 9、10 月出现结露现象较少，随着温度的降低，11、12 月结露现象明显严重，其中佛身正中位置（P_1）在 12 月出现整月结露现象，非常严重。

4）潼南县在 9、10 月份虽然温湿度大，但由于夏季气压低，不是容易产生凝露的时候，但已经存在产生表面凝结水的现象。在秋季和 5 月梅雨季节，将更容易产生凝结水。因此，全年潼南大佛表面出现凝结水的几率较高。

5）由于此次监测的时间短，更多的推测还需要进一步证实。但凝结水的出现对石质文物造成的危害是肯定的。建议对大佛全年的环境温湿度进行记录，以全面考察温湿度的影响及了解凝露出现的确切时间段。

3.3.3　潼南大佛水害测评

水害破坏是潼南大佛损伤的诱导因素之一，其本身会造成严重的直接破坏，如渗入岩石内部的水与胶结物发生水化作用，从而降低内部结构强度等。岩石表面的水（主要是冷凝水）对岩石形成了外多内少的渗透分布，从而引起岩石的体积膨胀，其产生的内应力由外向内明显降低，使得石质文物价值最高的表层，成为受水分浸入影响最大的部位。同时也会通过溶解有害气体及促进生物病害损伤文物。为了更好地认识水害对大佛病变的影响作用，前期勘察过程中，还着重开展了历史水害调查、大佛渗水影响调查工作，简介如下。

1）历史水位考察

应用红外测距仪和水平仪对潼南大佛历史上被大水浸没的情况作系统的调查（图 3 – 30 ~ 3 – 33）。考察结果如下：

从太明正德十四年（1519 年）至民国三十四年（1945 年）6 次大水发生时水位，其中发生在乾隆四十七年（1781 年）七月初四日大水最为严重，水位 8.135m，高至大佛胸部位置，导致大佛的下半身完全浸泡在水中，危害严重（表 3 – 14）。

图 3 - 30　最低水位测试点

图 3 - 31　红外水平仪测试水位

图 3 - 32　红外测距仪测试水位

图 3 - 33　运用等边三角形原理计算水位

表 3 - 14　潼南大佛历史浸没水位表

水位点	大水发生时间	浸没大佛等高距（m）
1#水位	乾隆四十六年六月十五日（1781 年 8 月 4 日）	2.605
2#水位	光绪十五年七月初四日（1889 年 7 月 31 日）	3.77
3#水位	民国三十四年七月二十五日（1945 年 9 月 1 日）	4.05
4#水位	乾隆四十七年七月初四日（1782 年 8 月 12 日）	8.135
5#水位	乾隆四十七年七月初四日（1782 年 8 月 12 日）	5.335
6#水位	太明正德十四年六月二十八日（1519 年 7 月 24 日）	6.185

2）大佛渗水情况考察

潼南大佛的西侧出露一泉眼，常年不干。泉水出露高程 244.93m，流量小于 0.001L/s。泉水出露于构造裂隙和砂泥岩夹层的交接部位。构造裂隙水下渗的过程中受泥岩夹层的阻挡，沿砂泥岩交界面水平运动，出露地表，形成泉眼。大佛东侧龙口的出水是人工安装的水管景点。

在南门至大佛寺的道路旁，出露 4 处渗水点。第一和第二点出露于青石栏杆附近，距南门约 56m 和 70m 处，高程分别为 244.94m、242m；第三点位于七步弹琴楼梯东侧，距离南门 220m 左右，高程 249.13m；第四点位于七步弹琴楼梯西侧，距离南门约 250m 左右，高程 246.484m。

3.4　病害调查

　　本次潼南大佛的病害调查以三维测绘图纸、正视投影图纸、侧视投影图纸以及 CAD 矢量图纸为基本记录基图，进行现场调查记录、标注、描述、分类、分析、评估，建立纸质、电子信息记录、并进行汇总统计分析，得出分布规律、特征，判断病害程度，由此对大佛的保存现状、存在病害做出科学的分析评估结果。经过 4 个月的现场调查及分析测试，全面了解了大佛目前的病害状况并对存在的病害进行了分析和评估。

　　潼南大佛从其结构类型来说属于贴金、彩绘大佛，为了便于进行病害描述与统计，结合石质文物病害分类与图示标准、壁画病害图示标准及其大足千手观音病害调查工作的情况，将潼南大佛病害分为大佛石质病害、大佛彩绘层病害及大佛贴金层病害三大类型，其大佛整体病害分布见图 3 - 34，统计结果见表 3 - 15。

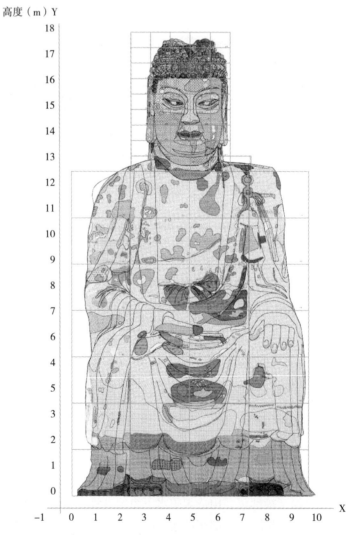

图 3 - 34　潼南大佛正立面病害总分布图

表 3 – 15　潼南大佛病害统计一览表

属性	名称	病害面积（m²）	占石质总面积比例（%）
大佛石质	表面附着物	31	24.1
	粉化	16	12.1
	空鼓	13	9.8
	脱落	3	2
	生物病害	0.04	0.03
	渗水	8	6.5
	裂隙	4m（以长度计）	
	合计	71.4（石质总面积为 128.5m²）	
大佛彩绘	表面附着物	50	45.2
	点状脱落	24	21.7
	片状脱落	9	8.2
	起翘	8	7.3
	粉化	8	7.5
	水渍	7	6.1
	动物病害	0.3	0.3
	生物病害	19	17.2
	龟裂	0.4	0.4
	开裂	1.0m（以长度计）	
	合计	128.5（彩绘总面积为 111.7m²）	
大佛金箔	表面附着物	113	78.6
	点状脱落	51	35.7
	片状脱落	9	6.3
	起翘	22	15
	分层开裂卷曲	17	11.5
	水渍	5	3.2
	空鼓	8	5.2
	开裂	54m（以长度计）	
	合计	224（金箔总面积为 144m²）	

3.4.1　大佛石质病害

　　由于受金箔层、彩绘层的覆盖，同时加上表面附着物的影响，潼南大佛石质病害调查总面积是 71m²，这与金箔、彩绘病害相比较小，共发现表面附着物、残缺、粉化、空鼓、片状脱落、生物、渗水和裂隙等八种病害，其分布见图 3 – 35，统计结果见表 3 – 16。

　　大佛石质病害具体分类描述如下：

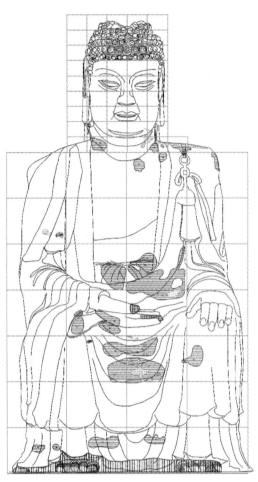

图 3 - 35　潼南大佛石质病害区域分布图

表 3 - 16　潼南大佛石质病害面积及所占比例

名称	病害面积 （m²）	占石质总面积比例 （%）
表面附着物	31	24.1
粉化	16	12.1
空鼓	13	9.8
脱落	3	2
生物病害	0.038	0.03
渗水	8	6.5
裂隙	4 m （以长度计）	
合计	71 （石质总面积为 129 m²）	

1）石质裂隙

石质裂隙均属于浅表性裂隙，病害调查共有 9 处严重，总长约 4.1m，在大佛头部和躯干有零星分散，典型病害如图 3 - 36 所示。

2）石质空鼓

空鼓指底灰层与基岩黏结不牢，底灰层鼓起，离开基岩形成空腔，但并未完全剥落的现象，其面积是13m²，占石质面积的9.8％，主要分布于大佛躯干中部和底座位置，典型病害如图3－37所示。

3）石质表面附着物

表面附着物是指长年灰尘的累积，病害面积是31m²，占石质面积的24％，共计23处严重，2处中度，4处轻微，主要分布在大佛肩部和底座，典型病害如图3－38所示。

4）石质片状脱落和残缺

片状脱落指由于石质严重风化呈现片状剥落的现象，而残缺主要由于人为干预造成残损，二者病害面积约是3m²，占石质面积的2.1％，共计23处，典型病害如图3－39所示。

5）石质粉化

粉化指由于石质轻微风化呈酥粉剥落现象，病害面积是16m²，占石质面积的12.1％，主要分布在大佛边缘两侧，典型病害如图3－40所示。

6）石质生物病害

由于环境阴暗潮湿，大佛基座微生物滋生覆盖石质表面，病害面积是0.04m²，共计2处，分布

图3－36　石质裂隙

图3－37　石质空鼓

图3－38　石质表面附着物

图3－39　石质片状脱落

图 3 - 40　石质粉化

图 3 - 41　石质生物病害

在裙摆下侧靠近脚部位，典型病害见图 3 - 41，经广东省微生物研究所分析鉴定为芽枝霉。

7）石质渗水病害

受地下水影响，大佛底座渗水非常明显，病害面积是 8m²，占石质面积的 6.5%，共计 5 处，分布在裙摆下侧双脚部位，其典型形态如图 3 - 42 所示。

图 3 - 42　石质渗水

3.4.2　大佛彩绘病害

潼南大佛彩绘病害详细调查的总面积是 129m²，共发现表面附着物、点状脱落、片状脱落、起翘、粉化、水渍、生物、龟裂等八种病害，其分布见图 3 - 43，统计结果见表 3 - 17。

表 3 - 17　潼南大佛彩绘病害面积及所占比例

名称	病害面积（m²）	占全体彩绘总面积比例（%）
表面附着物	50	45.2
点状脱落	24	21.7
片状脱落	9	8.2

续表

名称	病害面积（m²）	占全体彩绘总面积比例（%）
起翘	8	7.3
粉化	8	7.5
水渍	7	6.1
动物病害	0.3	0.3
生物病害	19	17.2
龟裂	0.4	0.4
裂隙	1.0m（以长度计）	
合计	129（彩绘总面积为112m²）	

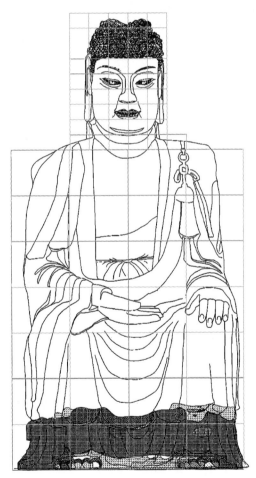

图3－43　潼南大佛彩绘病害区域分布图

彩绘病害具体分类描述如下：

1）彩绘脱落

脱落包括点状脱落和片状脱落。点状脱落的病害面积是24m²，占彩绘面积的21.7%，共计38

处；片状脱落的病害面积是 9.2m²，占彩绘面积的 8.2%，共计 76 处。这类病害分布较广，主要集中在头部发髻、裙摆、眼睛部分，典型病害如图 3 - 44 所示。

　　2）彩绘起翘

　　起翘病害面积是 8.2m²，占彩绘面积的 7.3%。病害集中在头部发髻，零星分布在嘴部和眼睛部位，典型病害如图 3 - 45 所示。

　　3）彩绘粉化

　　粉化病害面积是 8m²，占彩绘面积的 7.5%，分布区域主要集中在头部发髻、眼睛、嘴唇部分，典型病害如图 3 - 46 所示。

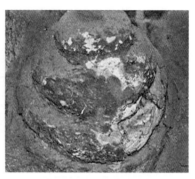

图 3 - 44　彩绘片状脱落　　　　　　图 3 - 45　彩绘起翘　　　　　　图 3 - 46　彩绘粉化

　　4）彩绘表面附着物

　　表面附着物是彩绘病害调查最主要的形式，病害面积是 50.5m²，占彩绘面积的 45.2%，共计 64 处严重，13 处中度，其分布区域比较集中，多出现在头部发髻部分，典型病害如图 3 - 47 所示。

　　5）彩绘水渍

　　水渍指水在彩绘表面留下的痕迹，通过近期对潼南大佛微环境的测试得知大佛周边湿度大约为 80%，加之部分地方雨水的侵蚀导致头部发髻部分水渍尤为严重，病害面积是 7m²，占彩绘面积的 6.1%，主要分布在大佛发髻部位，典型病害如图 3 - 48 所示。

图 3 - 47　彩绘表面附着物　　　　　　　　　图 3 - 48　彩绘水渍

　　6）彩绘生物病害

　　生物病害主要指动物病害和微生物病害。其中动物病害出现在头部泥胎发髻上，主要由蜂类长期筑巢引起，病害面积为 0.3m²，如图 3-49 所示；表面生物病害指裙摆处彩绘被藻类、霉菌所覆盖，病害面积为 19m²，占彩绘面积的 17.2%，病害如图 3-50 所示。

图 3-49　彩绘动物病害

图 3-50　彩绘微生物病害

7）彩绘龟裂和开裂

龟裂指彩绘表面微小的网状开裂现象，主要出现在眼睛和嘴部，面积是 0.4m²，典型病害如图 3-51 所示。彩绘开裂总长 1m，共计 3 处，均分布在大佛裙摆处。

图 3-51　彩绘龟裂

3.4.3　大佛金箔病害

大佛金箔因各种内外界条件的扰动，包括水盐破坏、常年温度的周期性变化、寺内游客和香客长期在殿堂内燃放大量香火，蜡纸之类等物质，造成金箔表面失去光泽、脱落、起翘、分层开裂卷曲、开裂等现象。金箔病害总面积为 224m²，共发现表面附着物、脱落（点状脱落、片状脱落）、分层开裂卷曲与起翘、水渍、空鼓、开裂等七种病害，其分布见图 3-52，统计结果见表 3-18。

图 3 – 52　潼南大佛金箔病害区域分布图

表 3 – 18　潼南大佛金箔病害面积及所占比例

名称	病害面积（m²）	占金箔总面积比例（%）
表面附着物	113	78.6
点状脱落	51	35.7
片状脱落	9	6.2
起翘	22	15
分层开裂卷曲	17	11.5
水渍	5	3.2
空鼓	8	5.2
开裂	54m（以长度计）	
合计	224（金箔总面积为 144m²）	

大佛金箔病害具体分类描述如下：

1）表面附着物

金箔表面附着物病害的调查区域面积约为 113m²，占金箔面积的 78.6%，共计 25 处严重，37

处中度，1处轻微，是金箔病害调查的主要形式，分布于大佛躯干的各个区域，典型病害如图3-53所示。根据外观目测，附着物以灰尘为主，另有少量白色、黑色和红色点状油漆或涂料痕迹。进一步取样分析显示，大量的尘土与常规灰尘的成分及含量一致，部分分析样品发现有油烟成分。

2）金箔水渍

金箔水渍指雨水冲刷金箔留下泪状痕迹的现象，病害面积是5m²，占金箔面积的3.2%，集中在大佛脸部，主要由头部泥胎发髻受雨水冲刷留下泥渍引起，典型病害如图3-54所示。

图3-53　金箔表面附着物　　　　　　　　　图3-54　金箔水渍

3）金箔脱落

金箔脱落病害主要分为点状脱落和片状脱落两种形式。点状脱落是指金箔表层金粉掉落，露出金胶油层。这主要是由于金箔层下的黏结物长期暴露在空气中老化，促使表层金箔粉化掉落。与点状脱落相比，片状脱落是指金箔掉落，露出底灰层或基岩的现象。金箔点状脱落的调查区域面积是51m²，占金箔面积的35.7%，共计110处，典型病害如图3-55所示；金箔片状脱落的调查区域面积是9m²，占金箔面积的6.3%，共计202处，片状脱落主要集中于头部，在躯干有零散分布，典型病害如图3-56所示。

 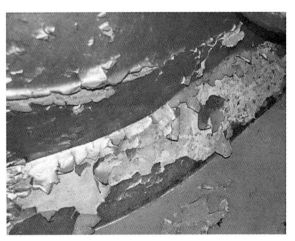

图3-55　金箔点状脱落　　　　　　　　　　图3-56　金箔片状脱落

4）金箔分层开裂卷曲和起翘

金箔起翘是指金箔连同底灰层与基岩分离翘起的现象。分层开裂卷曲是指金箔裂开进而产生的卷翘，这种情况主要集中出现在大佛脸部，金箔分层开裂卷曲和起翘两种病害常相互伴随一起出现，金箔起翘和分层开裂卷曲的病害面积分别是 $22m^2$ 和 $17m^2$，占金箔面积的 15% 和 11%，典型病害分别见图 3 - 57、3 - 58。

图 3 - 57　金箔起翘　　　　　　　　　　　图 3 - 58　金箔分层开裂卷曲

5）金箔空鼓

金箔空鼓指金箔层脱离底灰层或基岩，产生空腔，用敲之有"霹霹"音。病害面积是 $8m^2$，占金箔面积的 5.2%，此类病害零星分布于大佛躯干部位，典型病害如图 3 - 59 所示。

6）金箔开裂

金箔的裂缝称作开裂，依据其开裂宽度的不同，将开裂病害划分为轻微、中度及严重三个不同等级。大佛金箔裂隙总长 53.5m，其中 28 严重处，中度 26 处，轻微 13 处，典型病害如图 3 - 60 所示。

7）金箔生物病害

在潼南大佛进行病害调查时，由于天气炎热，调查人员并未在金箔上发现霉菌。但随着雨季的到来空气湿度增高，现场试验阶段发现金箔表面有黑色物质附着（图 3 - 61），通过取样分离证实为霉菌（图 3 - 62），经广东省微生物研究所培养后鉴定为木霉。

图 3 - 59　金箔空鼓　　　　　　　　　　　图 3 - 60　金箔开裂

图 3 - 61　金箔微生物病害

图 3 - 62　金箔表面培养后的微生物

4　现状评估

4.1　大佛价值评估

4.1.1　历史价值

大佛阁内凿岩而就的释迦牟尼大佛端坐石壁之间，神态庄严肃穆，令人望而起敬，惟妙惟肖地刻划出了佛的至上至尊，堪称世界佛像石刻中的艺术瑰宝。整个造像工艺精致，装饰华丽，线条圆滑，给人以真切温泽之感。潼南大佛，以其庄严伟岸、细腻精湛的艺术价值和不朽的历史价值著称，为我国的优秀文化遗产。

潼南大佛的创造始末经历了由佛到佛、道二家通力协作的过程，这不仅在我国的佛教和道教造像史上是极其罕见，亦为证实在宗教发展史上外来的佛教艺术逐步中国化而最终与中国的原始宗教——道教相辅相存、相互融合的过程提供了宝贵的实物例证，充分体现了不同时代的艺术特点和以及佛作为外来宗教和道作为中国原始宗教的异同及发展，具有很高的历史价值。

大佛寺摩崖造像年代最早可追溯到隋皇十一年（591 年），雕琢精美，且有明显的年代题记可考，为断定其他窟龛的年代提供了重要依据，其唐代摩崖龛中刻胡人形象的出现，更表明早在唐代中期西域文化就已直接渗透到内地，且有很高的历史艺术价值。大佛保护性建筑七檐佛阁，始建于宋建炎元年（1127 年），经国家文物局高级工程师杨烈勘察鉴定为我国最早使用全琉璃顶的古建筑，在建筑史上占有非常重要的一页。

4.1.2　艺术价值

潼南大佛为饰金大佛，凿工精细、佛像精美、比例匀称，在国内石刻造像艺术中处于较高水平，大佛石刻造像规模、贴金等规模在我国古代石刻中都是罕见的。其艺术价值也体现在造像的整体造型设计，雕凿工艺以及贴金工艺。

在潼南大佛的艺术效果中，金箔占据着最大的面积。大佛面部丰满，表情恬静，体型洒脱，面、手及身体裸露部位全贴金，这件巨大的"公共艺术"作品经历了唐、宋、元、明、清五个朝代的更替，而没有明确记载的五代"贴金"的具体工艺体现着异同，有可能在这件作品中得到实现。

整个造像雕琢精细，是唐宋时期佛教造像的代表之一。大佛袈裟和裙摆的线条流畅，自然逼真，赋予大佛一种超凡脱俗的仙人境界，大佛身着双领下垂式贴金袈裟；衣薄贴体，衣纹圆突呈棱状，流畅自如地从双肩呈放射状分布于全身，左胸的佩饰，布满鱼鳞片状的细小花纹，体现出大佛雕刻水平的高超境界，这对于我国古代石刻雕塑与贴金工艺等艺术方面都具有重要的研究价值。

大佛寺"七檐佛阁"的建筑技术，在造型上颇似忠县"石宝寨"，经受了数百年的风吹雨打和多次洪水的猛烈冲击，仍不偏不倚巍然屹立，充分显示出我国古代建筑艺术的卓越成就。尤其是全琉璃顶的使用，把我国史志记载使用全琉璃的年代推前了两个年代，把时间推前了200多年；"七蹬琴声"又是我国古代四大回音建筑之一，显示出我国古代建筑工匠的高超技术水平。

千佛岩摩岩造像龛刻众多，接毗相邻、雕嵌玲珑、琢工精湛、风格显明。皆身着袈裟，或结跏趺坐，或半跏坐，雕琢细腻，竟能把岩石刻出了犹如肌肤那种流通泽润的质感，可见当时之雕刻艺术家已注意到人物体形美之表现；"西方三圣"造像，凿造于宋，人物众多，布局严谨，雕刻精巧，足见我国古代劳动人民巧夺天工之石刻技艺。

4.1.3　科学价值

潼南大佛造像雕刻经历了290余年，不同朝代工匠所完成的作品协调一致，显示了我国古代工匠高超的雕刻技术和工艺。以大佛为中心，在东、西长达里许的岩壁上，有年代一直延续未断的摩岩造像群，计104龛，700余身。这些雕塑玲珑的龛刻除多为佛、弟子、菩萨等佛家造像外，另有道家造像10龛、儒家造像2龛。其中最早的道家造像，题记为开皇十一年（591年），距今已近1400年的历史。还有历代名人的碑刻题记83则，骚人墨客为记趣览胜而题咏的诗赋百余首，镌刻镏金、字体各异的楹联20则，记录历代水文的题刻5则，记载宋绍兴丙辰年（1136年）重灾题刻1则。这些始于隋，盛于唐、承于宋、元、明、清，迄于民国的优秀文化遗产，为研究我国古代的政治、经济、文化、雕塑、饰金、水文、宗教等提供了重要的实例资料。

总之，潼南大佛及大佛寺历史文化古迹对古代建筑及建筑材料、建筑工艺的研究提供了宝贵的实例。大佛寺周边的历史水文的题刻，记载南宋重灾的题记，以及摩岩碑、楹联等，为研究我国古代政治、经济、文化、水文、雕塑、饰金、宗教、书法等提供了非常宝贵的实物资料。

4.1.4　宗教价值

潼南大佛自始凿至今，一直承载了重要的宗教功能，是佛教传播的载体之一。潼南大佛在当地百姓和佛教信徒中具有重要的地位，其所在的大佛寺也是潼南县重要的佛教活动场所。

世界上的几大宗教中唯一在我国土生土长的宗教是道教，道教的创教之地就在巴蜀。而佛教则是我国古代最重要的宗教，根据近年的研究和考古发现，佛教传入我国的途径是多源的。印度、中亚和西亚同我国古代的联系主要通过西域、南海，和滇缅五尺道、牦牛道三种途径。古巴蜀位于这三条途径的交汇点，因此特别体现了佛教南传与北传在这里交汇的特点。潼南大佛的雕凿也正是四川道教与佛教交汇、合作的例证：据记载潼南大佛始凿于唐代，由佛教僧人主持，雕凿不久就终止。宋"靖康元年（1126年）佛头之后的水池池内忽生瑞莲，是岁有道者王了知自潼川中江来化邑人，命工展开像身，令与顶相称。身高八丈，耳、目、鼻、口、手、足、花座悉皆称是"，历26年竣工。而雕凿而成的大佛又成为佛教所信奉的神明，这充分体现了在当时环境下佛教与道教之间的沟通与融合。

4.2　保存环境评估

大佛寺所处区域属亚热带温暖湿润季风气候，雨量充沛、四季分明。春季冷空气活动频繁，盛夏伏旱较多，初夏与秋季多绵雨，冬季较暖，霜雪不多。潼南县的气候受盆地四周的影响较大。大气环流冬季受西伯利亚高压影响，盛行大陆气候；夏季受太平洋高压影响，盛行海洋暖湿气候；春秋两季为大陆气候与海洋气候的过渡季节。县境气候随地形的变化而变化，受地形和大气环流的影响，云雾较多，日照较少。因四周高山，北方冷空气不易进入，水气不易散失，导致潼南县常阴霾寡照，湿度较大。

总体来说，大佛周边降雨量充沛，气候湿度大，年平均相对湿度高达 81.3%，且酸雨现象严重。2007～2009 年雨水的 pH 的平均值达到 4.93，大佛及小微环境监测显示大佛湿度不均一（上部湿度＜中部湿度＜下部湿度），表面存在严重渗水区域且渗出水 TDS（总离子浓度值）的数值为 240ppm 富含大量可溶盐，均显示潼南大佛所处环境属于高湿环境、气温波动较大，导致大佛表面发生水盐破坏、酥碱粉化、颜料起甲脱落、贴金层剥离开裂等表面破坏现象，不利于大佛的长期稳定保存。

4.3　大佛稳定性评估

潼南大佛西侧，造像与崖壁之间发育一条垂直向下的卸荷裂隙，使大佛与崖壁岩体分离。但该裂隙没有切穿至东侧。但整体来说潼南大佛造像为一尊坐像，岩体重心低，稳定性好，基本处于稳定状态。

4.4　病害评估

通过现场调研可以看出，潼南大佛的病害主要集中体现在由于胶结质老化、生物霉变、水盐活动等因素引起的大佛表面污染、生物侵蚀、颜料酥粉脱落、金层开裂起翘、剥落等病害现象，这些病害不仅严重影响大佛的艺术价值，而且由于大气污染、酸性降雨、水盐活动的进行呈逐年加剧的现象，应尽快采取相应的文物保护技术手段予以干涉终止病害进程，启动保护修复措施以维持与改善大佛的保存现状，有效保护我国历史文化遗存。

同时由于年代久远，在长期地质营力的作用下，大佛的金箔破损，底灰层脱落，岩体风化较为严重。出现了表面粉化、层片状脱落、开裂现象，而石质胎体是潼南大佛表面贴金层依附体，治理其病害对于减缓及为后期金箔彩绘修复意义重大。

4.5　总结与建议

总体来说潼南大佛具有极高的文物历史、艺术观赏、科学研究及其宗教瞻仰价值，但该大佛由于构成材质自然老化、周边环境的影响逐步出现衰变、破坏现象，不仅使其艺术价值、可观瞻性降低，甚至威胁到了大佛的长期稳定存在，加之潼南当地气候环境大气污染、酸性降雨的加重，潼南大佛的表面颜料层褪色粉化、贴金层开裂剥离、石质基地酥碱粉化、层片状剥落、石材裂隙均呈逐年加剧的态势，故建议尽快展开以下保护研究工作：

1）采用灌浆锚固的方法治理大佛石材基底结构裂隙及层片状脱落问题，加强大佛石材稳定性；

2）启动大佛石质洁除、脱盐及其渗透加固工作，减缓石材基地风化，增加其耐候能力，减少石材基地病害对表层贴金层及彩绘构成进一步的不良影响，加速其病变的发展，并为贴金层与彩绘层修复提供支撑。

3）启动大佛表面修复保养工作，展开表面污染物清理、贴金层修复回贴、颜料层加固封护等工作，科学有效的保护潼南彩绘贴金大佛。争取减少表面病害，同时提高恢复大佛艺术价值与可观瞻性。

5　潼南大佛保护修复设计依据和原则

5.1　潼南大佛保护修复设计依据及原则

5.1.1　设计依据

潼南大佛保护修复设计以国际、国内文物保护的相关法律法规、准则及潼南大佛现状研究的基础为依据，设计依据的文件如下：

1）《中华人民共和国文物保护法》（2002）；

2）《中华人民共和国文物保护法实施条例》（国务院，2003）；

3）《关于加强文化遗产保护的通知》（国务院，2005）；

4）《中国文物古迹保护准则》（ICOMOS CHIINA，2002）；

5）《关于保护景观和遗址的风貌与特征的建议》（UNESCO，1962）；

6）《国际古迹保护与修复宪章（威尼斯宪章）》（ICOMOS，1964）；

7）《西安宣言——关于古建筑、古遗址和历史区域周边环境的保护》（ICOMOS，2005）；

8）《石质文物保护修复方案编写规范》（中华人民共和国文物保护行业标准　WW/T/0007 - 2007）；

9）《石质文物病害分类与图示》（中华人民共和国文物保护行业标准　WW/T/0002 - 2007）；

10）潼南大佛"四有"档案资料；

11）潼南大佛前期病害调查研究成果。

5.1.2　设计原则

1）最少干预性原则；

2）可再处理原则；

3）再现文物历史价值与艺术价值相结合的原则；

4）可辨识性原则；

5）安全耐久性原则。

5.2　潼南大佛保护修复思路及预期目标

5.2.1　保护修复思路

根据已经完成的潼南大佛前期勘察和研究工作，大佛岩体结构稳定性良好。但大佛表面贴金层、彩绘及其石材均出现了表面风化现象，包括贴金层起甲开裂、颜料粉化脱落、石质基地层片状开裂粉化现象，同时大佛表面由于烟熏、粉尘堆积、生物侵蚀等原因污染变色现象极为普遍，严重影响了大佛的外观，降低了造像的艺术价值。加之大佛处于南方高湿环境中，周边酸性降雨及空气污染对大佛的影响日益明显，大佛表面金层胶结质、颜料层及砂岩表面风化破坏有逐步加剧现象（金箔破损部位岩石风化程度较其他部位严重）。为了减缓潼南大佛病害进一步发展，提高其整体耐候能力，恢复提高其艺术与观瞻价值，在科学保护的同时，提升潼南大佛整体价值，促进优秀文化产业发展。本次潼南大佛保护修复方案的编制主要设计思路如图 5 - 1。

5.2.2　保护修复预期目标

通过保护修复方案的实施，将有效消除或降低大佛存在的主要病害，使大佛艺术形象的完整性

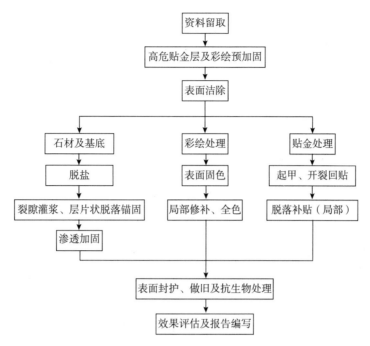

图 5 – 1 潼南大佛保护方案的编制主要设计思路

得以体现，延缓或减低外界因素对大佛造成的影响。保护修复实施的具体目标如下：

1）通过保护修复实施，使文物的病害得以消除或控制。

2）按照传统工艺，通过局部的修补恢复文物的历史风貌。

3）通过前期研究成果，了解文物制作工艺、方法和材料，为类似文物的修复提供借鉴。

4）建立保护后文物环境评估系统，为今后的保护提供数据支持。

6 潼南大佛保护修复实施工艺和材料试验

在现场勘查的基础上，根据潼南大佛保存状态、病害特征，参照以往贴金彩绘石刻造像保护经验，借鉴中国文化遗产研究院在重庆大足石刻千手观音保护研究课题的成果，我们展开了潼南大佛修复保护前期试验研究工作。整个试验分为实验室研究与现场试验两大部分，研究内容简述如下。

6.1 潼南大佛保护修复实施工艺实验室研究

在前期文献调研的基础上，采用常规材料及工艺进行保护性修复实施工艺的前期筛选。潼南大佛的保护类型主要包括了彩绘、金箔、石质文物等几个部分。针对不同的部分，整体实验室前期材料筛选研究思路如图 6 – 1 所示。

6.1.1 清洗材料及工艺研究

试验目的：洁除潼南大佛表面积尘、微生物等病害。

积尘洁除试验材料：根据文献及类似工程实施经验，灰尘的洁除材料主要选择以易挥发，不残留的常规溶剂材料为主，包括纯水、乙醇、丙酮、前三者的各种组合复配材料、甘油、桐油，考虑到对金箔的预加固作用，还准备了硅丙乳液、丙烯酸乳液。

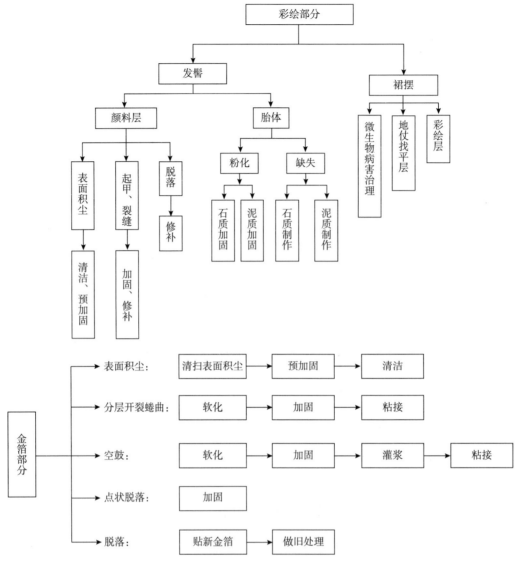

图 6 - 1　整体实验室前期材料筛选研究思路

微生物洁除试验材料：针对现场存在的微生物附着，实验室选择了其他项目中具有较好效果的4 种微生物防治制剂，包括高效广谱型杀菌灭藻剂 BYM 1002（复合型除霉抗霉剂）、霉敌、四水八硼酸钠（BPSN）、201 复合杀藻剂。

试验工艺：清洗剂施工采用涂刷方式，反复 2 次施工。

养护和保护效果的评估（详见图 6 -2）。

6.1.2　岩石加固材料及工艺研究

根据其他类似工程砂岩加固经验，现场采集大佛寺后山岩石，制备样块进行了加固剂筛选。

试验材料：选择加固剂为硅酸乙酯、硅氧烷低聚物、有机硅改性丙烯酸低聚物、硅丙乳液及丙烯酸乳液。

试验工艺：加固施工采用涂刷方式，反复 3 次施工。然后对各样块进行系列的性能检测及老化试验（表 6 -1）。

图6-2 生物病害材料处理地衣后2个月效果对比图

a BYM 1002 b 8% BPSN c 2% 霉敌 d 201 复合杀藻剂

表6-1 加固后试样的性能测试数据

加固剂	吸水率（%）	耐盐试验后质量损失率	透气性	渗透深度（mm）	S色差（△E）	抗压强度（MPa）
空白试样	3.6	-0.94	0.177	—	1.18	118.6
硅酸乙酯	3.4	-0.49	0.138	4.0	2.04	129.7
有机硅改性丙烯酸低聚物	3.2	-0.40	0.136	3.9	2.82	130.8
硅氧烷低聚物	3.4	-0.51	0.131	3.4	4.12	118.6
硅丙乳液	3.8	-1.35	0.120	2.9	3.91	124.5
丙烯酸乳液	3.2	-1.21	0.116	1.88	3.64	116.3

试验结论：通过综合测试，硅酸乙酯、硅氧烷低聚物的性能较好，硅丙乳液在密度较低的试样上使用效果较好，其他材料在渗透性、加固强度及色差等方面不能满足要求。

6.1.3 粘接灌浆材料及工艺研究

试验目的：针对潼南大佛的病害特点及保护需求，如空鼓、脱落部分。

试验材料：（1）有机粘接材料：环氧粘接料灌浆粘接材料、聚氨酯胶粘剂、Paraloid B72 粘接料、丙烯酸乳液、硅酮粘接材料；（2）无机粘接材料：改性黄泥浆、糯米石灰修复砂浆、丙烯酸白灰修复砂浆。

粘接材料及工艺筛选：

我们对选用的几种材料进行了试样制备，并测试了其基本力学性能，试验结果如表6-2。

试验结论：几种有机粘接材料都有很好的粘接强度及韧性，用于砂岩样块效果较好，但进一步应用于模拟底灰层及发髻泥塑部位时，环氧及聚氨酯的渗透性太强，容易污染文物。无机材料的粘接强度及韧性差，但其与模拟底灰层的相容性较好，尤其是糯米砂浆。初步确定在现场的彩绘及金箔粘贴中排除环氧及聚氨酯，丙烯酸白灰砂浆和糯米砂浆进入现场试验阶段。

表 6-2　粘接灌浆材料基本力学性能测试结果

测试项目 材料名称	主要成分	粘接强度（MPa）	断裂伸长率（%）
环氧树脂	双酚 A 环氧	3.5	8
硅酮胶	脱醇型硅酮胶	0.8	110
聚氨酯	聚氨酯	5.0	400
丙烯酸乳液	丙烯酸聚合物	2.8	80
糯米石灰修复砂浆	糯米、石灰	3.3	–
丙烯酸白灰砂浆	丙烯酸聚合物、石灰	1.1	–
改性黄泥浆		–	–

灌浆材料及工艺筛选：

实验室制定了以下的灌浆工艺流程（图 6-3）：

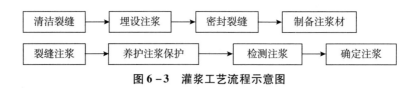

图 6-3　灌浆工艺流程示意图

上述材料采用人工加压法灌注至事先制备好的模拟空鼓裂隙中。

试验结论：环氧与硅酮粘接料黏度低、流动性好，都具有施工性能好、操作方便等特点。通过测试拉伸强度表明，环氧粘接料与硅酮粘接料由于材料自身性能差异较大，导致它们的力学性能也出现较大差异，破坏位置也各不相同。环氧灌浆料破坏位置在石块上，石材破坏而环氧完好，脆性大，而粘接强度较高；硅酮粘接料破坏位置在硅酮材料本身断裂，石材没有破坏，韧性高，但粘接强度较低。聚氨酯胶粘剂也存在强度太大与石材的相容性差的缺点。丙烯酸乳液添加白灰材料，流动性好，与石材粘接性能较高，破坏位置是丙烯酸白灰材料本身断裂，石材没有破坏，韧性高。潼南大佛的灌浆需求部位主要是彩绘及金箔起翘部位，要求灌浆材料具有很高的灌浆粘接强度，一般在封闭的金箔下层，要求流动性好，且最好为无机胶结材料，因此选用糯米石灰修复砂浆、丙烯酸白灰砂浆等备选，但就高黏度性能方面后者强于前者。

6.1.4　修补材料及工艺研究

潼南大佛主要的修补工艺集中在金箔修补、发髻修补、彩绘修补三个方面。实验室重点进行了金箔粘接材料、彩绘颜料及工艺的研究。局部底灰层修补主要依据现场研究、工艺调查及走访老艺人的结果选择配方进行现场试验。

6.1.4.1　金箔粘接材料及工艺试验

1）金箔回贴

在潼南大佛现场取回连同底灰层掉落的金箔，再选取采集的潼南大佛的新鲜岩石进行回贴试验，试验流程如下：

（1）金箔预加固

（2）采用无水乙醇或丙酮，将取回的金箔正面与背面的表面进行初步除尘与清洁，以备加固。

金箔预加固材料包括：1#硅丙乳液；2#硅丙改性丙烯酸乳液水溶液；3#丙烯酸乳液；4# B72 丙酮溶液；5#苯丙乳液；6#桐油溶液；7#甘油乙醇溶液。

试验结论：

（1）硅丙乳液、丙烯酸乳液加固并经过洁除后，金箔的表面点状脱落明显。

（2）硅丙改性丙烯酸乳液、B72 的丙酮溶液加固后，再洁除金箔较为明亮，洁除时也未见明显的点状脱落。B72 的缺点在于一旦固化后难以用溶剂清除表面残余的 B72。

一般预加固采用硅丙改性的丙烯酸乳液，后清除贴近金箔最内层的尘土。如金箔本身保存较为完好，则使用清洗剂处理完表面后，用 B72 进行必要的加固措施，再实施支顶等操作。

（3）苯丙乳液的效果也较好，但是渗透性稍差。

（4）桐油、甘油处理后金箔呈现特有的金亮色，但是干燥固化时间太长，现场操作性差。

综上所述较为理想的为加固材料为 B72 与硅丙改性丙烯酸乳液（图 6-4）。

2）金箔黏结

采用糯米、石灰以及无机烧结料调制底灰层粘接材料。

试验 1：有底灰层金箔，用刮刀将粘接料均匀涂刷在岩石表面，并将底灰层覆盖在粘接材料表面，轻压金箔以辅助粘接，固化后其粘接强度大；

试验 2：单层金箔，采用金胶水、金胶膏、传统金胶油进行回贴（图 6-5）。

3）贴新金箔

在市场购买新金箔（购自南京金箔集团有限公司），再选取在潼南大佛后山所采集的新鲜岩石进行回贴试验（图 6-6），试验流程如下：

（1）分别选取岩石试样，样块尺寸为 3cm×2cm×2cm，首先洁除后用砂纸对其表面打磨平滑，再用软毛刷轻轻刷掉多余石粉，后进一步深层清洁，主要使用挥发性大的乙醇、丙酮，使其表面不可有多余灰尘等污垢。

（2）分别采用硅丙乳液进行岩石预加固，放置一周以备养护。

（3）用排笔将黏结材料涂在养护过的岩体表面，等固化一段时间后贴金箔，贴 2~3 层。

（4）新金箔可处理成做旧效果，见图 6-7，具体效果依据现场实际情况实施。

4）金箔粘接材料及工艺试验结论

（1）采用常规的传统粘接材料贴新金箔或回贴原来金箔，目前在实验室达到良好的效果。

（2）在未对金箔进行预加固的情况下清洁软化金箔，容易导致金颗粒严重脱落，在现场选用合适的金箔预加固材料是回贴金箔的关键。

（3）实验室与现场条件差别较大，因现场环境复杂，需尝试多种粘接材料、金箔软化材料以及金箔预加固材料进行现场局部试验，并从长期的效果观察来评估材料的适用性与可靠性。

6.1.4.2 彩绘颜料筛选试验

彩绘颜料的成膜物质及色料调配而成，现代成膜物质一般为各种人工合成的聚合物材料，如丙烯酸类树脂、酚醛树脂、环氧树脂等，种类繁多，在一般仿古建筑及雕塑上常用的颜料成膜物质有丙烯酸类树脂及酚醛清漆类，传统颜料的成膜物质也有使用大漆的，潼南大佛彩绘部分成膜物质中也含有大漆。色料方面，传统多为矿物颜料，现代色料包括大量的无机颜料及有机染料。根据潼南

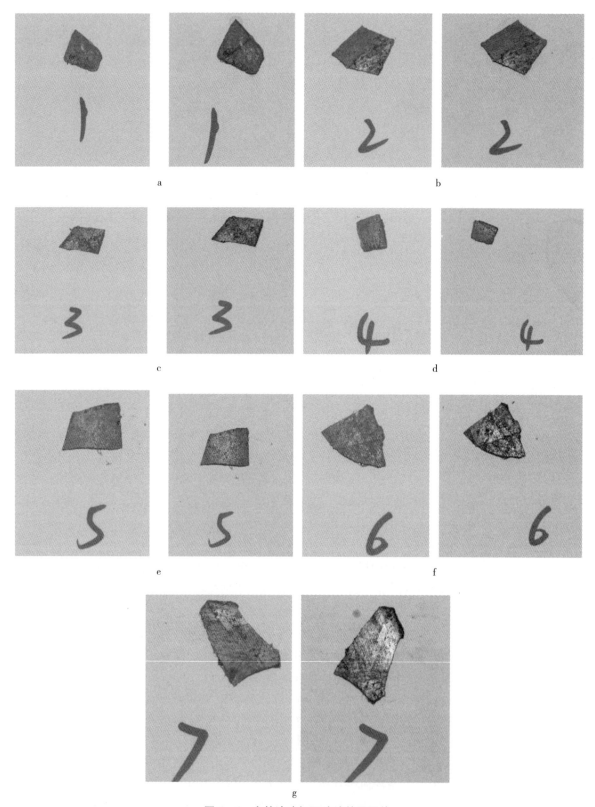

图6-4　金箔清洁加固试验效果照片
a 1#处理前后效果　　b 2#处理前后效果　　c 3#处理前后效果　　d 4#处理前后效果
e 5#处理前后效果　　f 6#处理前后效果　　g 6#处理前后效果

图 6 – 5　有底灰层金箔回贴效果展示照片

图 6 – 6　实验室贴金箔效果展示照片

图 6 – 7　实验室金箔做旧效果展示照片

大佛的实际情况并结合工程特点，我们选择了以下基本材料。

颜料成膜物质：生漆、丙烯酸乳液、骨胶、硅丙乳液、苯丙乳液、水性聚氨酯、水性氟涂料、白乳胶、清漆。

色料：炭黑、朱砂、群青、石色黄。

实验室主要进行了骨胶熬制、生漆调配颜料、熬制生漆、熟漆调配等传统材料制备的工艺研究，另外还进行了树脂类颜料的配方调制试验研究。结果表明，采用骨胶、生漆等传统成膜物质添加矿物红色颜料、炭黑可制得与大佛彩绘效果相近的彩绘颜料，以丙烯酸乳液、水性氟涂料、白乳胶加入矿物红色颜料、炭黑得到的初步效果也不错，可用于现场试验（表6-3）。

6.2　潼南大佛保护修复工艺现场试验

现场所用的材料为借鉴实验室前期材料及工艺基础上，引入现代优秀的工艺、文献，加之现场遇到的复杂病害程度比实验室模拟效果更为现实，在多方面的情况下共同筛选的。有些在前期试验过程中效果不太突出的材料，在现场实施过程中，条件允许的情况下也加以采用，因环境不同可能会出现不同的效果，多方采纳以便找到最适工艺及材料。

图6-8中所示是现场中我们选取的典型的区域，其中发髻选择了石胎与泥胎各一个，金箔部分有较为典型的几种，包括脸部分层开裂明显的，耳部起翘严重，需要填补底灰层部位，侧面空鼓严重的，侧面金箔较为完好但灰尘富集的部分。基岩选取了侧面表面粉化区域及裙摆处水病害严重而导致生物病害明显的作为加固、清洗对象。

6.2.1　现场洁除工艺试验

6.2.1.1　表面积尘洁除

1）试验部位：金箔与发髻彩绘上的积尘。

2）试验材料：现场试验了12种清洗剂，分别是：乙醇、水1:1；丙酮、水1:1；糯米粉团；2%丙烯酸乳液；2%硅丙乳液；10%桐油丙酮溶液；丙酮、乙醇1:1溶液；2%AC-51水溶液；纯水；10%甘油乙醇；丙酮；乙醇。

3）试验结论：乙醇与水1:1；丙酮、水1:1；2%硅丙乳液；丙酮、乙醇1:1溶液；乙醇；纯水等8种溶剂适用于大佛表面灰尘的洁除。

4）试验工艺：因为大佛表面的金箔及彩绘的保存状况各异，部分金箔及彩绘非常脆弱，为洁除不同部位的灰尘，现场试验了多种工艺手段，筛选出适应本项目使用的毛刷洁除、贴纸洁除、棉签洁除、滴注预加固洁除、橡皮擦洁除等工艺手段。图6-9~6-11是有效的积尘洁除对比照片。

6.2.1.2　顽固性结垢物洁除

1）试验部位：现场选择了金箔及裙摆彩绘残留物作为试验对象。

2）试验工艺：现场试验显示，对于保存状况较好的金箔，其表面油污与积尘混合的顽固性结垢

图6-8　大佛现场修复试验选区示意图

表6-3　实验室前期材料筛选结论示意表

现状病害		实验室前期研究材料	施工方式	结论判定方式效果好：（√）；一般：（±）；差（×）	
表面积尘	彩绘	水、乙醇、丙酮、前三者的各种组合复配材料、苯丙乳液	未采样实施	—	
	金箔	水、乙醇、丙酮、前三者的各种组合复配材料、甘油、桐油、苯丙乳液	涂刷	纯水、乙醇、丙酮、前三者的各种组合复配材料、硅丙乳液、丙烯酸乳液	√
				甘油、桐油	±
				苯丙乳液	×
微生物病害		BYM 1002（复合型除霉抗霉剂）、霉敌、四水八硼酸钠（BPSN）、201复合杀藻剂	涂刷清洗	BYM 1002（复合型除霉抗霉剂）、霉敌	√
				四水八硼酸钠（BPSN）、201复合杀藻剂	±
基岩风化		硅酸乙酯、硅氧烷低聚物、有机硅改性丙烯酸低聚物、硅丙乳液、丙烯酸乳液	涂刷加固	硅酸乙酯、硅氧烷低聚物、硅丙乳液	√
				有机硅改性丙烯酸低聚物、丙烯酸乳液	±
起甲、空鼓	发酵	改性黄泥浆、糯米石灰修复砂浆、改性糯米石灰修复砂浆	未采样实施	—	
	金箔	环氧粘接料灌浆粘接材料、Paraloid B72粘接料、丙烯酸乳液、硅酮粘接材料、糯米石灰修复砂浆、改性糯米石灰修复砂浆	涂抹修复	Paraloid B72粘接料、丙烯酸乳液、糯米石灰修复砂浆、改性糯米石灰修复砂浆	√
				硅酮粘接材料	±
				环氧粘接料灌浆粘接材料、聚氨酯胶粘剂	×
	软化	乙醇、丙酮、复合配制	清洁、软化、加固、黏结	软化 乙醇、丙酮、复合配制	√
	加固	甘油、桐油、苯丙乳液、B72、硅丙改性丙烯酸乳液、硅丙乳液		加固 B72、硅丙改性丙烯酸乳液	√
				硅丙乳液	±
				甘油、桐油、苯丙乳液	×
	黏结	有底灰层金箔、采用糯米、石灰以及无机烧结料调制底层粘接材料、无底灰层单层金箔、金胶水、金胶膏、传统金胶油		黏结 采用糯米、石灰以及无机烧结料调制底层粘接材料	√
				金胶水、金胶膏、传统金胶油黏结	√
彩绘脱落		生漆、丙烯酸乳液、骨胶、硅丙乳液、苯丙乳液、水性聚氨酯、水性氟涂料、白乳胶、清漆	补绘	骨胶、生漆、丙烯酸乳液、硅丙乳液、水性氟涂料、白乳胶	√
				硅丙乳液、清漆	±
				苯丙乳液、水性聚氨酯	×

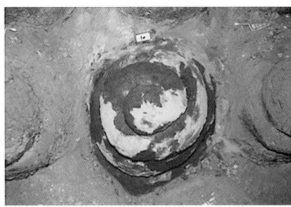

图 6 - 9　泥胎体发髻表面灰尘洁除前后对比图
（贴纸法、棉签法，乙醇与水 1 : 1 混合溶液）

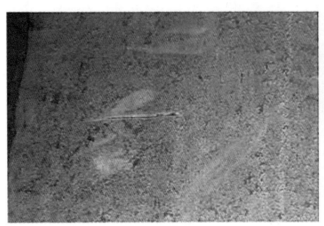

图 6 - 10　金箔表面灰尘洁除前后对比图
（2% 硅丙乳液，滴注预加固洁除）

图 6 - 11　金箔表面灰尘洁除前后对比图
（毛刷、乙醇、橡皮擦）

物可采用修复刀小心剔除，对于风化剥落明显的金箔可先用乙醇等溶剂对污垢进行溶胀软化之后再用修复刀剔除（图 6 - 12、6 - 13）。

图 6 – 12　金箔表面顽固性污垢洁除

图 6 – 13　裙摆彩绘地仗找平层洁除前后（高温蒸汽、铲刀铲除）

6.2.1.3　微生物残迹洁除

1）试验材料：现场选用了 4 种杀藻剂：

杀藻剂 1：高效广谱型杀菌灭藻剂 BYM 1002（复合型除霉抗霉剂）；

杀藻剂 2：2% 霉敌；

杀藻剂 3：8% BPSN；

杀藻剂 4：201 复合杀藻剂。

2）试验结论：从现场效果和显微成像照表明，杀藻剂 1 去除微生物的效果最好，青苔地衣大部分都被杀灭。洁除前后效果如图 6 – 14 所示，为了长期有效地预防微生物反复生长，建议在去除处理后再采用抗藻剂进行加强防治处理，辅助喷洒防霉剂。综合前期试验研究与现场测试，建议采用特种氟硅烷类岩石抗藻保护液，该材料兼有表面封护和抑制青苔生长的双重作用，使用后可以避免青苔生长带来的外观破坏和对石质的风化作用。同时采用便携式显微设备对试验区域的表面进行定期测试、观察与评估。

6.2.2　现场加固工艺试验

6.2.2.1　金箔预加固工艺试验

1）试验材料：根据实验室前期材料筛选结果，现场选用了 2% B72 溶液、3% 硅丙乳液及 5% 牛胶溶液作为金箔预加固剂，预加固操作采取注射器滴注的方式进行，滴注后养护至加固剂完全干燥固化。养护过程中如果发生错位等现象，尽快进行复位处理。

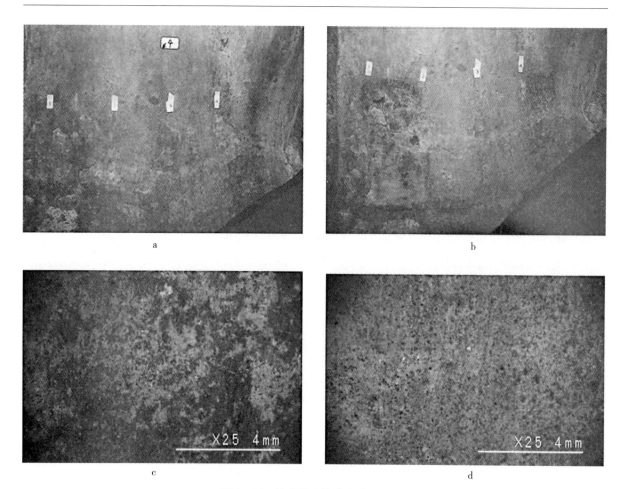

图6－14 基岩微生物洁除前后效果

a 试验区原始照片　b 微生物洁除后照片　c 杀藻剂1处理前显微照片　d 杀藻剂1处理后显微照片

图6－15、6－16是金箔预加固现场试验照片。

2）试验结论：现场观察发现，GB－01硅丙乳液对金箔的预加固处理效果较好；牛胶在完成加固当时的效果也不错，但一段时间后，在潮湿环境很快发霉，不能长期保持效果。B72树脂加固后在金箔表面成膜有光泽，对金箔外观有影响。进一步的显微照片显示，经过硅丙乳液预加固后，金

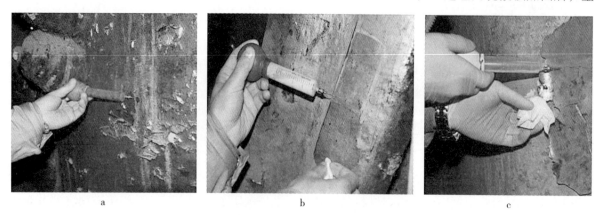

图6－15 金箔预加固施工操作

a 2% B72丙酮溶液　b 3% GB－01硅丙乳液　c 5% 牛胶

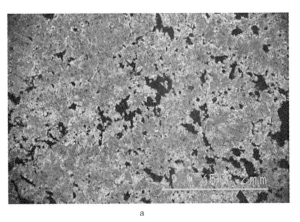
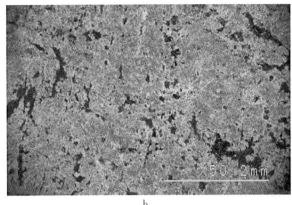

a　　　　　　　　　　　　　　　　　　　　b

图 6 - 16　硅丙乳液预加固前后显微照片

a 加固前　b 加固后

颗粒未出现进一步的脱落。

6.2.2.2　泥质发髻加固工艺试验

1）试验材料：泥质发髻的现场加固试验选用了 5 种加固剂，分别是：4% AC - 51 丙烯酸乳液、3% GB - 01 硅丙乳液、5% 水性环氧树脂、3% 氟硅乳液、5% B72 溶液，加固操作工艺为滴注法，共操作 3 次。

2）试验结论：加固结果显示 4% AC - 51 丙烯酸乳液、3% GB - 01 硅丙乳液两种材料对于泥质发髻有较好的加固效果，其余材料在加固强度方面能够达到要求，但在渗透性及色差方面比上述两种材料差。图 6 - 17、6 - 18 是泥质发髻加固前后的显微成像对比照片。

6.2.2.3　岩石加固工艺试验

试验部位：岩石加固在现场选择了两类区域：发髻及裙摆处基岩。石质发髻基体的风化程度较高、裙摆处试验区的岩石风化程度较轻。

6.2.2.4　石质发髻岩石加固

1）试验材料：石质发髻岩石加固共使用了 4 种材料：3% AC - 51 丙烯酸乳液、5% GB - 01 硅丙乳液、硅酸乙酯及有机硅低聚物。加固工艺为滴注法或涂刷法（依据具体加固表面的方向选用），反复加固 3 次。

2）试验结论：现场试验获知硅酸乙酯及有机硅低聚物具有良好的渗透性，3 次加固操作都能

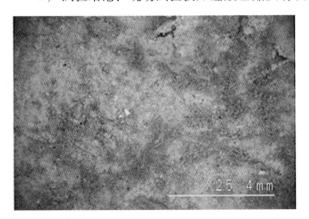
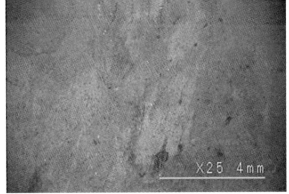

图 6 - 17　4% AC - 51 丙烯酸乳液加固泥胎体前后显微成像图片

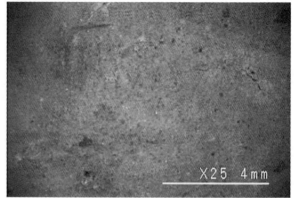

图 6 – 18　3%GB – 01 硅丙乳液加固泥胎体发髻前后显微成像图片

够保证岩石对加固剂的有效吸收，其中硅酸乙酯对岩石的加固效果更好，有机硅低聚物在加固强度方面稍差。两个乳液型材料相比，硅丙乳液的加固效果及颜色更好，但相比硅酸乙酯，渗透性差，仅适用于粉化特别严重的部位。

6.2.2.5　裙摆处基岩的加固

1）试验材料：裙摆处基岩的加固选用了硅酸乙酯、有机硅低聚物、水性氟硅乳液等几种树脂型材料，由于选区为垂直表面，施工工艺采用涂刷方式，仍然进行 3 次加固施工。

2）试验结论：由于选区岩石风化程度低，几种树脂型材料在第三次涂刷时就已经在表面成膜，对岩石外观影响较大。相比而言，硅酸乙酯在渗透深度、颜色及加固效果方面是最好的。

6.2.3　现场粘接及灌浆工艺试验

潼南大佛的粘接及灌浆主要在于彩绘及金箔回贴方面。现场根据病害的类型及严重程度分别针对发髻彩绘、脸部分层开裂金箔、起翘金箔及金箔裂缝等进行了保护工艺试验。

6.2.3.1　发髻彩绘粘接及灌浆工艺试验

发髻彩绘的回贴分为软化、粘接剂涂刷及回贴按压三个步骤，如有明显的裂隙及起甲，还需进行灌浆处理。现场选用的软化剂为丙酮与乙醇 1∶1 比例溶液，粘接剂选用 8% 丙烯酸乳液，灌浆以发髻泥塑所用的当地黄泥添加水，再按总量比添加 3% 丙烯酸乳液、5% 石灰粉，充分搅拌后备用。按压回贴的工具可用修复刀或棉球。部分起翘严重的彩绘回贴需重复多次上述步骤方可达到满意效果。

泥质发髻彩绘及起甲石质发髻彩绘灌浆回贴前后效果对比如图 6 – 19、6 – 20 所示。针对头部

图 6 – 19　泥质胎体发髻彩绘回贴试验前后对比图

图6-20 石质胎体发髻彩绘起翘回贴前后对比图

泥胎发髻的虫害，由于是由蜂类长期筑巢引起，在修复过程中除了对原有巢穴病害进行灌浆封堵，使虫害无立足之地。同时，修复之后将对巢穴病害的萌芽状态控制住，并及时治理。

6.2.3.2 金箔回贴工艺试验

1）软化：由于金胶油的老化，翘曲、开裂金箔多数脆性较大，稍微用力触碰就会碎裂。因此回贴
金箔的第一步是软化。根据软化材料试验，单层金箔的软化用乙醇等有机溶剂涂刷就可以达到较好的效果，如果3~4层金箔连带底灰层则很难软化，使用常规溶剂有时甚至在长达1d的时间内都难以软化，这样的情况下就要对金箔进行预加固处理后，辅助高温蒸汽才能达到目的。

2）底灰层修补：如果发生金箔的底灰层脱落则还要对其进行修补才能回贴软化贴金，用2%GB-01硅丙乳液先对基岩表面预处理，底灰材料为糯米石灰修复砂浆。此材料由于黏合效果好，在修复S6-2躯干右手手肘靠背侧修复试验区时，用来黏合带有底灰层金箔层效果良好。在此实验过程中也曾经试图用其他溶剂，如B72、牛胶、石材胶、丙烯酸等作为基岩表面预处理剂都无效，主要问题是黏合强度低或固化时间过长。

3）灌浆：对于金箔空鼓区域需进行灌浆处理。灌浆材料采用流动性和粘接性都较好的稀糯米石灰砂浆和丙烯酸白灰砂浆。试验过程中选择从裂隙或破损部位埋入灌浆管。支顶板压实起翘边缘，便于灌浆。用人力压浆器将灌浆材料压入空鼓内部，至灌浆料从灌浆口溢出停止，拔出灌浆管。现场灌浆试验结果表明：糯米石灰砂浆和丙烯酸白灰砂浆流动性都较好，但糯米石灰砂浆的粘接性没有丙烯酸白灰砂浆的高，固化时间长，而且制作工艺相对繁琐，不利于现场施工用。所以筛选丙烯酸白灰砂浆为施工用灌浆材料。

4）回贴：金箔的回贴试验选用了4种粘接材料：金胶水原液、金胶膏、B72树脂、丙烯酸乳液及丙烯酸乳液/牛胶混合材料。试验结果显示，金胶水、膏干燥时间过长，B72树脂粘接强度不足，不太适用于金箔回贴。丙烯酸乳液及丙烯酸乳液/牛胶混合材料效果较好，添加了牛胶后更进一步增加了粘接剂的柔韧性和粘接力（其中丙烯酸含总量8%，牛胶含总量10%）效果更好。为防止牛胶在潮湿情况下发霉，并适当添加防霉剂。

5）辅助工艺：在金箔回贴工艺方面，由于金箔软化及粘接剂完全固化等步骤所需的时间较长，还需要提供临时支顶的辅助措施来确保回贴的顺利实现。需要使用支顶的方式长时间按压需要回贴部位。为了保护金箔表面，贴一层日本镜头纸，上支顶架。支顶架挡板与文物之间垫棉花和纸巾，

固定并压稳支顶架。支顶过程中观察镜头纸的湿润程度，如果镜头纸过湿，可拆除支顶更换镜头纸，目的是让黏结剂水分挥发更快。试验过程如图 6 – 21 所示。

图 6 – 21　金箔回贴工艺——辅助支顶实施步骤

在现场试验选区中，使用上述材料及工艺措施进行的多处金箔回贴修复前后效果对比如图 6 – 22 ~ 6 – 24。

图 6 – 22　N – H6 – 3 左耳部多层卷曲金箔回贴前后对比图

图 6 – 23　S – H6 – 2 内大佛右眼角金箔回贴前后对比图

图 6 – 24　S6 – 2 躯干右手手肘靠背侧金箔回贴前后对比图

对于大佛脸部部分金箔的修复，由于缺失脱落面积较大，见图 6 – 25，又考虑到施工的可行性，所以可采用揭露法和回贴法相结合的方法进行金箔的修复与保护。

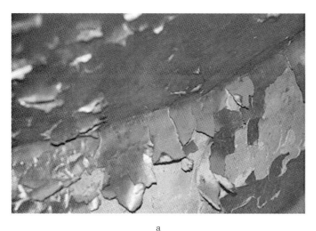

　　　　　　　a　　　　　　　　　　　　　　　　　　　　　b

图 6 – 25　头部金箔缺失面积较大处照

a H2 – 5 头部颈部金箔照　　b H1 – 4 头部金箔照

6.2.4　现场修补工艺试验

潼南大佛残损病害比较严重的是发髻残损：发髻缺失9个、严重残损10个；金箔剥落及残损；发髻及裙摆彩绘缺损及后期修复未采用传统材料等。另外尚有局部的金箔或彩绘底灰找平层破坏。现场修补工艺试验主要包括缺失发髻修补、残损发髻局部修补、金箔修补及彩绘修补。所有修补材料及工艺的选用依据为前期研究中工艺调查及现状材料的分析测试结果为指导，结合当地老艺人的经验，尽可能采用传统工艺及材料，在部分现场试验中也选用了目前使用的常规化工材料作为对比。

6.2.4.1　缺失发髻修补

1）石质发髻的制作：根据大佛本体材质及现有发髻材质状况，可以推测原本所有发髻为石质，泥质发髻应为后期维修时所塑。为补齐缺失发髻，选用与大佛岩石相同的砂岩制作发髻，并在其基础上绘制彩绘。

2）石胎发髻的制作流程：测绘及选材——初加工——细加工——表面修饰——地仗找平层——彩绘，其中表面修饰材料为石英粉加入水和大漆配制而成，地仗找平层材料为黄土加入水和大漆调配，彩绘颜料为大漆桐油添加炭黑、群青调制。

石质发髻的制作过程如图6-26所示。

图6-26　石质发髻制作过程

3）泥质发髻的制作：现状已为泥质发髻的，缺损部位仍用泥质进行修复。泥质发髻修补的主要材料分为粗泥和细泥，粗泥以土与沙子按2：1比例搅拌，按照干稻草：土和沙子总质量＝1：50的比例加进入浸泡过的稻草，和匀备用。细泥则以按照黄土：沙子＝1：2比例，加适量的水调和成砂浆，再把棉花撕碎倒进浆里混合均匀而得。彩绘颜料为清漆添加炭黑等颜料调制。

4）泥质发髻的制作流程：粗泥、细泥制备——粗泥制胚——细泥修型——烘干打磨——清漆加固保护——地仗找平层——彩绘（图6-27）。

用上述流程及材料制得的发髻与现场的发髻具有一定的协调性，现场缺损泥质发髻的修补可根据修补部位的大小及形状采用上述流程及材料制作。

在两种发髻的制作过程中，使用了不同颜料，从效果上看，两种颜料的效果基本相似，传统大漆桐油调制的颜料能够满足本项目的要求，群青的加入使得彩绘远看比较自然的黑色，近看稍带蓝色。

6.2.4.2　裙摆彩绘修补试验

1）试验目的：彩绘的现场修补试验主要是筛选层和彩绘颜料。

2）地仗找平层试验材料：地仗找平层选用了4种材料，其组成如下：

1#：传统底灰材料，按大漆：石膏：水＝1：3：1的比例调配；

2#：修复石灰（购自上海市德赛堡建筑材料有限公司）；

3#：糯米石灰砂浆（白云公司自制），主要成分是糯米和石灰，加入石粉作为填料；

4#：糯米无机烧结料砂浆（白云公司自制），主要成分是糯米与烧结料，加入少量红砂岩粉。同时为减少彩绘修饰处理时白色底灰层对颜料的影响，加入适量朱砂。

3）彩绘颜料试验材料：红色颜料一共调制了7种配方，包含现代常用材料及传统配方材料，具体组成如下：

（1）丙烯酸涂料加入适量的大红颜料、黑墨汁和石色黄；

（2）朱砂：水：10%丙烯酸：70%牛胶＝1：2.4：8：0.4；

（3）酚醛清漆，按1：1的比例加入汽油稀释，再加入适量的大红颜料、黑墨汁和石色黄，搅拌均匀后备用；

（4）白乳胶涂料，40%白乳胶加入适量的大红颜料、黑墨汁和石色黄，充分研磨后备用；

（5）红色水性氟涂料，配比为朱砂：水：水性氟＝10：20：7。搅拌成糊状；

（6）生漆经过滤后，加入镜面朱砂，搅拌均匀后备用；

（7）为生漆：桐油：汽油＝1：1：1，加入银珠及石色黄，后进行涂刷。

4）试验结果：传统的生漆调制的地仗找平层由于生漆的特点颜色较深，但不影响后续彩绘的施工，其他几种地仗找平层材料也基本满足现场效果要求。彩绘颜料方面使用的7种配方的颜料效果相似，表面平滑。

综合现场彩绘修补试验，从外观及显微照片观察，使用传统工艺及材料可以满足修补要求（图6-28）。

6.2.4.3　金箔修补试验

现场的金箔修补试验在大佛本体金箔缺失处及周边空白基岩上进行。

1）试验材料：金箔的粘接材料，共使用了4种粘接剂：金胶水、J01金胶膏、J02金胶膏和传统金胶油。地仗找平层分别选用传统生漆、桐油添加瓦灰材料；丙烯酸白灰砂浆材料。

2）试验结论：试验显示，传统的金胶油和底灰层材料都能够满足现场施工的要求，取得了良好效果。图6-29是相关区域修补后照片。

图 6 - 27　泥质发髻制作过程

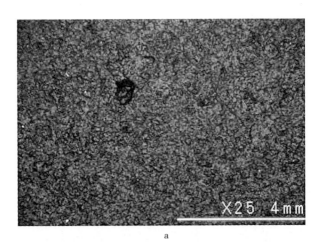

a

b　　　　　　　　　　　　　　　　　　　　　c

图 6 - 28　传统底灰材料制作的底灰层及红色彩绘显微照片
a 地仗找平层　　b 红色传统漆类涂料　　c 现存彩绘

a

b

图 6 - 29　使用传统金胶油进行金箔修补试验效果
a 非大佛金箔　　b 大佛金箔

表6－4 现场局部修复试验结论示意表

现状病害	筛选材料	施工方式	结果	
表面积尘	水、乙醇、丙酮、乙醇：水＝1：1，丙酮：水＝1：1，糯米粉团，10%甘油乙醇，10%桐油丙酮溶液，2%硅丙乳液、2%丙烯酸乳液、2% AC－51 水溶液（丙烯酸改性硅丙乳液）	毛刷洁除、贴纸洁除、棉签洁除、滴橡皮擦洁除、注预加固洁除	乙醇、水、乙醇：水＝1：1，丙酮：水＝1：1，丙酮：乙醇＝1：1 溶液 2% 硅丙乳液	√
			2% AC－51 水溶液（丙烯酸改性硅丙乳液）、2%丙烯酸乳液	±
			10%甘油乙醇、10%桐油丙酮溶液、糯米粉团	×
微生物病害	杀菌灭藻剂 BYM 1002、霉敌、四水八硼酸钠（BPSN）、201 复合杀藻剂	涂刷清洗	杀菌灭藻剂 BYM 1002、201 复合杀藻剂	√
			霉敌、四水八硼酸钠（BPSN）	×
金箔点状脱落	2% B72 溶液、3%硅丙乳液、5%牛胶溶液	注射器滴注加固	2% B72 溶液、3%硅丙乳液	√
			5%牛胶溶液	×
泥胎发髻胎体粉化	4% AC－51 丙烯酸乳液、3% GB－01 硅丙乳液、5%水性环氧树脂、3%氟硅乳液、5% B72 溶液	注射器滴注	4% AC－51 丙烯酸乳液、3% GB－01 硅丙乳液	√
			3%氟硅乳液、5% B72 溶液	×
石胎发髻胎体粉化	3% AC－51 丙烯酸乳液、5% GB－01 硅丙乳液、硅酸乙酯及有机硅低聚物	注射器滴注或涂刷	硅酸乙酯、硅氧烷低聚物、5% GB－01 硅丙乳液	√
			3% AC－51 丙烯酸乳液	×
基岩风化	硅酸乙酯、硅氧烷低聚物、有机硅改性丙烯酸低聚物、硅丙乳液	涂刷加固	硅酸乙酯、硅氧烷低聚物性能较好，硅丙乳液在密度较低试样上效果较好，有机硅改性丙烯酸低聚物	√
发髻起甲、裂缝、空鼓	软化剂——丙酮与乙醇1：1，粘接剂——8%丙烯酸乳液，发髻泥塑灌浆——当地黄泥添加水、3%丙烯酸乳液、5%石灰粉和5%糯米粉，按压回贴——修复刀或棉球	软化、黏结剂涂刷、回贴、灌浆	软化剂——丙酮与乙醇1：1，粘接剂——8%丙烯酸乳液，发髻泥塑灌浆——当地黄泥添加水、3%丙烯酸乳液、5%石灰粉和5%糯米粉，按压回贴——修复刀或棉球	×

续表

现状病害	筛选材料	施工方式	结果
金箔分层开裂卷曲、起翘	软化——无水乙醇或丙酮、高温蒸汽 加固——B72、硅丙乳液、硅丙改性丙烯酸乳液 黏结——有底灰层金箔 B72、牛胶、石材胶、丙烯酸 采用糯米、石灰以及无机烧结料调制底层粘接材料 黏结——单层金箔 金胶水、金胶膏、传统金胶油 B72、牛胶、石材胶、丙烯酸 回贴——金胶水原液、金胶膏、B72树脂、丙烯酸乳液及丙烯酸乳液/牛胶混合材料	清洁、软化、加固、黏结、回贴	软化——无水乙醇或丙酮 加固——2% GB-01 硅丙乳液 黏结——有底灰层金箔 糯米石灰修复砂浆 黏结——单层金箔 金胶膏、传统金胶油 回贴——丙烯酸乳液及丙烯酸乳液/牛胶混合材料（支顶）
金箔空鼓	加入10%的牛胶的稀糯米石灰砂浆	灌浆	加入10%的牛胶的稀糯米石灰砂浆
彩绘脱落	生漆、水性氟涂料	补绘	生漆、水性氟涂料
缺失发罍	制作新发罍工艺（石质）	测绘及选材——初加工——表面修饰——地仗找平层——彩绘 制作新发罍材料（石质） 表面修饰材料——石英粉、水、大漆 地仗找平层材料——黄土、水、大漆 彩绘颜料——大漆、桐油、炭黑、群青	
	制作新发罍工艺（泥质）	粗泥、细泥制备——粗泥制坯——细泥修型——烘干打磨——清漆加固保护——地仗找平层——彩绘 制作新发罍材料（泥质） 粗泥——干稻草：土：沙子=3：100：50 细泥——黄土：沙子=1：2，加水、棉花 彩绘颜料——清漆、大漆、桐油	

续表

现状病害	筛选材料	施工方式	结果
粗摆彩绘修补试验	地仗找平层	传统底灰材料——按大漆：石膏：水＝1：3：1	√
		修复石灰	√
		糯米石灰砂浆，主成分糯米浆和石灰，加入石粉作为填料	√
		糯米无机烧结料砂浆，主要成分是糯米浆与烧结料，加入少量红砂岩粉，加入适量末砂	√
	彩绘调制	1. 丙烯酸涂料加入适量的大红颜料，黑墨汁和石色黄	×
		2. 末砂：水：10%丙烯酸：70%牛胶＝1：2.4：8：0.4	×
		3. 酚醛清漆，按1：1的比例加入汽油稀释，再加入适量的大红颜料，黑墨汁和石色黄，搅拌均匀后备用	±
		4. 白乳胶涂料，40%白乳胶加入适量的大红颜料，黑墨汁和石色黄，充分研磨后备用	±
		5. 红色水性氟涂料，配比为末砂：水：水性氟＝10：20：7。搅拌均匀后备用	±
		6. 生漆经过滤后，加入镜面末砂，搅拌均匀及石色黄，后进行涂刷	√
		7. 为生漆：桐油＝1：1，加入银珠及石色黄，后进行涂刷	√

6.3　潼南大佛保护修复实施工艺和材料试验结论

通过实验室初步试验和现场试验，我们筛选出了适合潼南大佛保护修复的主要材料及工艺条件，归纳如下（具体见表6-4）。

1）大佛表面的大量积尘使用常规的低毒溶剂即可具有较好的洁除效果，但要特别注意金箔和彩绘部位的洁除，必要时要先进行预加固处理再进行后续操作。洁除根据不同部位的特点选用不同的操作方法，有时需要多种方法的组合使用，洁除过程较长。

确认有效的洁除原材料有：纯水、乙醇、丙酮、硅丙乳液、丙烯酸乳液、BYM1002、201复合杀藻剂。

2）大佛起翘金箔回贴工艺包括金箔软化、底灰修补、空鼓灌浆、回贴粘接等工序，多层金箔卷曲开裂需多次反复操作方可达到理想效果。存在空鼓灌浆工序的，还需采用辅助支顶措施。金箔回贴工艺流程如表6-5：

表6-5　金箔回贴工艺简表

序号	工序名称	主要试剂	操作方法
1	金箔预加固	硅丙乳液	涂刷或滴注
2	金箔软化	乙醇、水、乙酸乙酯	滴注、蒸汽
3	底灰修补	丙烯酸白灰浆	刮涂、注射
4	空鼓灌浆	丙烯酸白灰浆	人工加压注射灌浆
5	回贴粘接	丙烯酸乳液	按压
6	辅助支顶	日本镜头纸	

3）大佛表面缺失金箔修补采用传统工艺和材料：地仗找平层用大漆、桐油、瓦灰及石膏调制修补，金箔黏结采用生漆、桐油、朱砂配制。

4）大佛发髻彩绘的起翘开裂亦可通过回贴进行修复。大佛发髻彩绘起翘开裂的回贴工序包括彩绘软化及预加固、基材加固、裂隙灌浆、回贴粘接，回贴工序流程如表6-6：

表6-6　彩绘回贴工艺简表

序号	工序名称	主要试剂	操作方法
1	表层软化加固	硅丙乳液	涂刷或滴注
3	基层加固	硅丙乳液	滴注
3	空鼓灌浆	改性黄泥浆	人工加压注射灌浆
4	回贴粘接	丙烯酸乳液	按压

5）裙摆部位彩绘的修补可以使用大漆桐油添加红褐矿物颜料或炭黑调制颜料。裙摆地仗找平层材料使用大漆、桐油、石膏粉调制而成。

6）泥质发髻修补材料采用当地黄泥与沙子为基体添加稻草、棉花制备，根据用途的不同分为粗泥和细泥。

7）大佛脸部缺失脱落面积较大处金箔的修复，可采用揭露法和回贴法相结合的方法进行金箔的修复与保护。

7　潼南大佛保护修复实施工艺

根据前期研究结果、实验室试验和现场试验结论，潼南大佛养护性保护实施工艺主要为：表面洁除、加固、粘接与灌浆、修补等。具体处理措施简介如下。

7.1　修复前资料留取

采用数码拍照、摄像计算机作图技术，在前期三维扫描的基础上，采用数码图像技术建立完善的潼南大佛数字化信息系统，包括修复前信息及其修复过程记录等。

7.2　修复前预加固处理

采用丙烯酸乳液、B72 丙酮溶液等具有可逆性的材料对潼南大佛表面高危部位配合物理支护机械修复前预加固实施，避免后期保护修复过程造成不必要损失。着重采用丙烯酸乳液或 B72 对金箔及彩绘起翘、卷起部位进行点粘接，为洁除提供安全操作的可能。

7.3　表面洁除

潼南大佛的表面洁除主要针对大佛表面金箔、彩绘及岩石表面的各类污染物进行，去除表面有害污染物的同时为后期保护修复提供操作条件。具体如下：

7.3.1　积尘的洁除

在大佛躯干部位积累的大量的灰尘，部分区域灰尘厚度超过 5mm。直接使用羊毛刷清扫大佛表面尘土，清扫时注意用力要轻，尽量使毛刷仅作用于灰尘、不要触及金箔等，避免风化彩绘层或金颗粒的剥落。毛刷清扫主要适用于灰尘较厚区域的初步洁除，或表面强度较高区域的洁除。

毛刷清扫尚不能完全将表面完全洁除掉，对于仍然附着于金箔及彩绘表面的灰尘进一步采用贴附一层日本镜头纸，涂刷清洁剂浸润，反复上述程序 3～4 次，待溶剂稍作挥发后将镜头纸揭下，重复此过程可将附着灰尘洁除掉。

对于细小局部的附着灰尘，则可以采用棉签蘸取清洁剂后在待洁除表面轻轻滚动将灰尘黏附到棉签上再行去除。

对于表面风化比较严重的金箔，需要在洁除前进行预加固处理以避免金颗粒的损失。

根据现场试验结果，本阶段根据具体情况可以选用的清洁剂有：乙醇与水 1∶1 比例溶液、2% GB-01 硅丙乳液、丙酮与乙醇 1∶1 溶液、2% AC-51 水溶液等。

7.3.2　顽固性附着物的洁除

在金箔或彩绘表面存在一些附着较为紧密的结垢性物质，包括局部彩绘风化残留物及不当修复材料等。该类物质的去除可采用修复刀等小工具小心剔除，在基岩等高强度的基材上的顽固性附着物还可采用高温蒸汽直接吹扫的方式软化结垢物后再用修复刀人工剔除。在脆弱金箔及彩绘表面应慎重选用高温蒸汽手段，必须采用时应进行预加固处理后方可实施。

发髻表层已经严重风化、剥落，已无保留价值的彩绘及地仗找平层材料残留物直接用修复刀剔除。

7.3.3　微生物的洁除

潼南大佛的微生物附着物主要分布是分布于金箔表面的霉菌残留物及裙摆基岩的苔藓。

金箔表面的霉菌残留物采用与附着性灰尘清洗类似的方法，将日本镜头纸覆盖于霉菌残留物表面，涂刷添加了防霉剂的50%乙醇溶液浸润，反复上述程序3~4次，待溶剂稍作挥发后将镜头纸揭下，重复此过程可将霉菌残留物洁除干净。清洗剂挥发后金箔表面可能会有白色痕迹存在，可采用橡皮擦轻轻擦拭去除干净。

裙摆基岩的苔藓采用高温蒸汽配合塑料毛刷刷洗即可清除干净。为杀灭基岩内部可能隐藏的苔藓孢子等物，适量喷洒复合杀藻剂即可。

7.3.4　风化残存物的洁除

在石质发髻、彩绘及金箔残损部位都不同程度存在底灰或金胶油的风化残存物，这些风化残存物应洁除干净方可进入下一步的保护工艺操作。

石质及地仗找平层的风化残存物多为粉状，直接用毛刷清扫即可，细小位置可采用毛笔清扫去除。金胶油风化残存物含有一定的有机组分，附着力稍大，可适当滴加乙醇、丙酮的混合溶剂使之溶胀软化后用棉签蘸取去除。

7.4　石材加固处理

7.4.1　局部脱盐

采用适合的脱盐纸浆、日本纸对酥碱砂岩进行脱盐处理，由于该砂岩拟进行脱落金箔层回贴的岩石，所以得保证加固效果与金箔层补贴效果，实施过程中对表面可溶盐进行检查，尽量使表面可溶盐浓度减低到加固剂实施要求浓度以下。

7.4.2　砂岩渗透加固处理

大佛为砂岩材质，基岩风化主要是石质发髻表层风化粉化、裙摆彩绘缺失部位基岩表层风化、粉化。

根据实验室筛选及现场试验效果评估，综合考虑加固强度、渗透性及表面色差等因素，选择硅酸乙酯和GB-01硅丙乳液作为基岩加固材料。硅酸乙酯适用于大多数已经露出表面的风化轻微的基岩加固，GB-01则适用于局部风化程度较高的基岩加固。

由于风化基岩基本为垂直表面，加固施工采用刷涂方式，以毛刷蘸取加固剂刷涂于风化基岩表面，使之充分渗透。每次加固剂施工时应该遵循少量多次的原则，刷涂至岩石表面不再吸收为止。使用硅酸乙酯固剂刷涂施工时，每次施工后应养护至少一周后再进行下一次的施工，可反复渗透施工多次。GB-01硅丙乳液施工后的养护期根据天气温度及湿度情况不同，以加固后的基岩表面干燥为准，一般只能施工两次。

7.4.3　砂岩空鼓灌浆处理

大佛下部的基岩存在空鼓与片状脱落。

根据实验室筛选与现场试验效果评估，综合考虑拉拔强度、渗透性、流动性以及粘接效果等因素，选择牛胶改性无机砂浆材料作为基岩加固材料。

由于空鼓与裂缝部位离文物表面深度较浅，直接采用针管注射方式施工。

7.5　彩绘层处理

7.5.1　彩绘基层加固

对于部分保存完整，但有轻微风化的彩绘地仗找平层层，采用10%的GB-01硅丙乳液进行滴注加固。将加固剂分次滴注到待加固的地仗找平层材料，注意控制每次用量，加固剂完全润湿地仗找平层层时即停止，养护至基本干燥后进行二次滴注加固，加固剂的滴加一般需要反复三次以上才能达到效果，具体加固程度以加固后表面用手摩擦不再有粉状物掉落且不再吸收加固剂为准。

7.5.2　泥质发髻加固

经过实验室筛选及现场试验，风化泥塑加固可选用硅丙乳液或丙烯酸乳液，两种材料对泥塑都有较好的渗透性和加固效果。由于所用加固剂的材料为水分散乳液，泥塑发髻的加固操作必须严格控制加固剂的滴加速度，过快的滴加速度将导致泥塑的坍塌破坏。每次滴加加固剂后必须等水挥发干燥后再进行下一轮的滴加，反复多次直到达到加固效果。现场试验中一个泥质发髻的加固周期长达15d，在养护性保护工程实施过程中，应在严格执行操作工艺的条件下统筹安排泥质发髻的加固工序，合理利用时间，达到节省时间及人工费用的目的。

7.5.3　彩绘的回贴与灌浆

在大佛的发髻部分，多数彩绘层出现裂隙、剥离、翘曲及起甲。修复前首先准备灌浆泥浆。取本地黄泥加水调稀，装入纱布内过滤出泥浆，再按总量比添加3%丙烯酸乳液、5%石灰粉和5%糯米粉，充分搅拌后备用。

用毛刷沾丙酮与乙醇1∶1比例溶液涂刷在彩绘表面。等待彩绘软化后，用注射器向起翘彩绘背面及泥胎表面滴注10%丙烯酸乳液。丙烯酸乳液水分被泥胎吸干后，再用注射器向裂隙或彩绘起翘部位灌注泥浆。待泥浆半干后，用棉球轻压起翘彩绘，使彩绘归位回贴。养护4h，如果仍出现起翘，重复以上步骤直至完全贴实。起甲修复所需时间较长。

起甲修复完毕后，采用视频显微镜及微电极系统检测修复质量。

7.6　贴金层加固处理

潼南大佛的金箔及彩绘大量存在翘曲、起甲、空鼓等病害，这一类病害的保护工艺手段主要是粘接回贴及内部灌浆。

7.6.1　起卷金箔回贴

为使发生卷曲的金箔顺利回贴，首先必须对其进行软化处理。根据现场试验结果，采用乙醇、乙酸乙酯等溶剂浸润或滴注于金箔表面或用高温蒸汽直接喷雾都可以作为翘曲金箔的软化手段，具体软化剂及软化工艺必须在根据实际情况试验后选用。软化方式优先采用乙醇或乙酸乙酯浸润软化，上述方式无法起效时方采用高温蒸汽喷雾软化处理。

金箔回贴选用现场试验效果最好的丙烯酸乳液作为黏结剂，适当添加牛胶以增加柔韧性和黏结性。粘接剂施工时用毛刷将其刷涂于翘曲金箔的背面，待溶剂稍挥发后用修复刀将翘曲金箔轻轻按压贴于地仗找平层表面，并用棉签按压排除空气，使之完全服帖。

7.6.2　空鼓金层灌浆

对空鼓严重的部位，应进行灌浆处理，灌浆采用针注式进行（由下向上进行，下孔注浆，上出浆时止）。注浆材料以丙烯酸树脂添加石灰或石灰糯米浆进行。为使翘曲金箔正常归位，采用临时支顶等辅助措施在灌浆材料及金箔粘接剂完全固化前进行临时支顶。支顶架采用棉布包裹棉絮层后加木板及木条制作。

7.7　局部修补

根据前期调研的结果潼南大佛属于大型的贴金彩绘大佛，为了终止大佛现有病害进一步的发展，和恢复其艺术完整，在对大佛进行养护过程中，在遵照文物保护修复原则的基础上，对潼南大佛进行局部按照传统工艺进行必要的以保护为主兼顾展示性的修复与修补。修补工作集中在已经残破的佛像发髻、裙摆及局部小范围贴金层脱落部位进行，具体修补工作介绍如下。

7.7.1　发髻修补

7.7.1.1　缺失石质发髻的修补

根据大佛整体材质及残余发髻大部分为石质雕刻，可以判断大佛原有发髻皆为石质，本次发髻修复方案将完全损失的发髻修复方案确定为以同类石质雕刻新发髻。石质发髻的修复方案包括四个步骤：发髻尺寸量测及石材准备、发髻雕刻成型、发髻安装、发髻彩绘修复，以下分别叙述各步骤的详细方案。

1）发髻尺寸量测及石材准备：根据现场量测，大佛发髻的尺寸并不是完全统一的，发髻底部直径在24～30cm之间，高度约30cm。缺损部位的发髻尺寸应根据现场缺损部位尺寸及周边相邻发髻的尺寸来确定。首先测量缺损发髻的底部尺寸，再对左右相邻的发髻进行详细测绘，根据三者底部尺寸的比例确认缺损发髻的详细尺寸，绘制发髻大样详图，作为石质发髻的修复依据。新做石质发髻采用与大佛同类的岩石，这类岩石在大佛寺所在山体即可找到。根据图纸尺寸准备岩石，要确认所选岩石没有明显病害如裂隙等。

2）发髻雕刻成形：根据石材的节理确定石块的摆放面后用铁锤、铁凿、电动切割砂轮把石块粗加工成一个圆锥形。根据测量的精确尺寸，切割凿掉多余部分，再根据所画形状进行切割打凿。把整个形状造出来后，再边对比尺寸边进行深加工、打磨，直到完全和石胎体发髻形状和尺寸相同，接着用砂纸把发髻打磨光滑。石块应先采用地仗找平材料或底粉层材料修补凹凸不平的表面并磨平，以便下一步进行彩绘修饰。石质发髻表面修复材料为：石英粉、水和大漆调制而成，用该修复材料填充凹凸不平的位置，并压实抹平。待石英粉层干燥后，用细砂纸将表面打磨平整、光滑。雕刻完毕后的发髻在底部中心位置钻孔，孔径4cm，孔深6cm。

3）发髻安装：首先清理发髻缺损部位的基岩，去除残留于表面的灰尘及风化石质等影响发髻安装的材料。将雕刻成型的发髻放于缺损部位，调整位置，使之完全吻合，记号笔在发髻底部基岩接触位置划线，并在基岩及发髻上至少确定4个定位点做好标记。按照基岩及发髻上的标记位置在缺损部位与发髻底部钻孔对应的部位钻孔，孔径4cm，孔深8cm。用压缩空气将孔内石屑吹扫干净，备用。在发髻底部钻孔内注入适量的环氧植筋胶，插入经过处理截面为边长不超过2.5cm正方形的木条，待其半固化时再向大佛头部对应钻孔中注入适量环氧植筋胶，在待粘接表面均匀涂覆硅酮石材密封胶，注意涂覆范围应小于发髻底部大小，避免溢出。将发髻已安装的木条插入其中，注意对其事先做好记号标记的位置，轻轻按压定位，如有硅酮胶溢出及时清理干净。环氧植筋胶及硅酮胶固化养护时间为24h，在此期间避免触动发髻导致位移。养护完成后用泥质发髻修复用的细泥修整结合部位，使之外观协调。

7.7.1.2　泥质发髻的修补

1）轻微缺损部位修复：试验前准备修复泥浆。取佛像散落黄泥加水调稀，加入棉花和少量石灰，充分搅拌后备用。先在泥胎上待修复区用注射器滴注10%丙烯酸乳液。丙烯酸乳液水分被吸干后，再用钢制修复刀对脱落部位抹泥，按原貌填平抹光；对裂隙填充、补平、压实、收光。等所补泥半干后，用修复刀压实，待第一层补泥干燥后再做第二层补泥操作。在此期间如出现干裂现象，立即再做补泥、压实修复程序。如此反复直至修复完成为至。通常一个小于5mm宽度的裂隙修复需要反复上述步骤3次以上，较大裂隙需要反复的次数则更多，本工序耗时较长。

2）较大缺损部位的初步塑型：根据现场试验结果，泥质发髻塑性基体材料分为粗泥和细泥，粗泥用于基本形状的塑形，细泥用于发髻细节的塑造。粗泥以当地土与沙子按2∶1比例搅拌，按照干稻草∶土和沙子总质量 = 1∶50 的比例加入经泡制的稻草调制而成。按照发髻缺损部位的形状进行初步塑形，此时塑形的尺寸应略小于缺损部位尺寸。塑形完毕即进行养护，养护方式可根据天气情况选择自然干燥或温和烘干至半干。

3）表面形状整饰：细泥以当地黄土过筛后按照黄土∶沙子 = 1∶2 比例，加适量的水调和成砂浆，再把棉花撕碎放入砂浆中，调制成细泥团备用，调制好的细泥团应用保鲜膜包裹放置一天后再使用。按照缺损部位的尺寸逐层涂覆细泥，细泥每层厚度不超过5mm，直至与缺损部位尺寸吻合。发髻表面的螺旋造型则以细泥团制成泥片，然后按照螺旋的方向将其缠绕于塑形完毕的发髻上，轻轻按压使之服帖，用手沾水仔细捏成螺旋形状，并用纸板刮涂尽量使其光滑。待其稍微干燥后用砂纸打磨光滑修复缺陷部位，直至与大佛发髻原有样式吻合。完成上述程序后养护干燥。

7.7.2 金箔修补

在大佛雕像中目前肉眼可见已有局部有明显的金箔缺失或较大裂痕，加之由于部分卷曲、翘曲金箔风化严重，无法完全贴附原有表面。为保持大佛形象及艺术价值的完整性，在显眼处金箔有明显缺失的，应进行修补。

金箔的修补包括底灰修补、金箔重贴、金箔做旧三个步骤，根据实验室及现场修复试验情况，潼南大佛金层修补宜采用传统工艺进行，具体如下：

1）底灰层修补：贴金的底灰修补材料选用生漆、桐油添加瓦灰和石膏制成的传统底灰材料。先将底灰原料混合均匀，并通过控制桐油的量调节调稀成糊状，用毛刷均匀涂刷在基岩表面。待半干后，使用修复刀将其刮抹在基岩上，压光抹平，养护晾干。完全干燥固化后的地仗层应进行打磨，使表面光滑平整。

2）金箔重贴：金箔重贴按照传统材料及工艺实施。选用实验室及现场试验验证与潼南大佛原有金箔颜色最为接近的金箔。金箔粘接材料为传统的大漆桐油，金箔回贴操作过程中，由于大漆具有一定毒性，操作工人应做好防护，佩戴防毒面具。

涂完黏结剂后，小心用镊子取出金箔，对好位置将金箔贴好。然后用棉球在金箔纸表面向同一个方向压实，将内部的空气挤压出来。待贴实后金箔衬纸自动与金箔脱离，贴金完成。养护1d后，观察效果，需与周边协调一致，如有必要，再贴第二层金箔（在大佛脸部存在多次贴金情况，有时一次贴金尚不能与周边金箔达到整体协调效果，需进行金箔再贴）。

3）新旧金箔表面色泽协调处理：新的金箔与原有金箔存在颜色及光泽的细微差别，由于本次养护性保护并未对大佛全面重新贴金，因此特别应注重新旧金箔的颜色及光泽的协调。在现场修复试验中项目组进行了金箔作旧试验，在贴好的金箔上涂刷做旧溶剂能够使新贴金箔的颜色及光泽达到保留金箔的状态。金箔做旧效果如图 7-1 所示，通过控制做旧溶剂的浓度和用量，能够控制做旧效果，使新贴金箔的状态更加接近周边原有金箔。

7.7.3 彩绘修补配色

彩绘修补包括地仗找平层及全色。

1）地仗找平层：根据工艺调查及前期试验结果，彩绘地仗找平层采用传统材料制备修补。发髻部分地仗找平层材料取当地黄土破碎过筛后加大漆和水调配而成。三者的质量比为100∶14∶13。

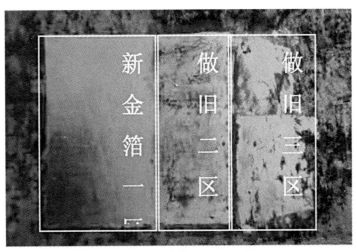

图 7 - 1　金箔做旧效果展示区

裙摆部位的地仗找平层材料则以大漆、桐油、石膏粉调配而成。地仗找平层材料制备完毕后根据补做区域的大小采用修复刀或橡胶刮板将其刮涂于发髻或基岩表面，小心压实并修复平整，养护干燥后用细砂纸小心打磨至光滑平整即可。

2）全色：全色是彩绘修复的最后一个步骤。潼南大佛的彩绘有两种颜色：黑色与红色，主要在发髻与裙摆。彩绘颜料采用以大漆和桐油添加相应的色料制备，为了达到良好的施工效果，以汽油作为稀释剂，促进颜料与地仗找平层的渗透作用，并能够消除眩光现象。红色彩绘颜料以银朱和石色黄调配，黑色颜料选用炭黑。

地仗找平层固化打磨后即可进入彩绘上色阶段。裙摆部位应先用铅笔勾出不同颜色区域的轮廓。由于彩绘颜料黏度较大，需采用牛角刷蘸取颜料进行绘制。绘制时应注意整个区域的颜色均匀，轮廓边缘清晰。

7.8　潼南大佛保护修复主要材料

以下按照养护性保护工艺的实施顺序，总结潼南大佛养护性保护实施中使用的主要材料的成分及适用范围。

7.8.1　清洗类材料（表 7 - 1）

表 7 - 1　清洗类材料一览表

序号	材料类别	材料名称	主要成分或厂家	适用范围
1	清洗剂	水	水	灰尘洁除
2		50% 乙醇溶液	乙醇、水	灰尘洁除
3		乙醇丙酮混合溶液	乙醇、丙酮	结构软化
4		2% GB - 01	硅丙乳液	脆弱金箔洁除
5		2% AC - 51	丙烯酸乳液	金箔洁除、加固
6	微生物防治材料	BYM1002 防霉剂	自配	霉菌洁除
7		201 复合抗藻剂	广东省微生物所	苔藓洁除

7.8.2 加固材料（表7-2）

表7-2　加固材料一览表

序号	材料名称	主要成分	适用范围
1	5%GB-01	硅丙乳液	金箔预加固、泥质发髻加固
2	10%GB-01	硅丙乳液	底灰加固、泥质发髻加固
3	10%AC-51	丙烯酸乳液	底灰、泥质发髻、严重风化岩石加固
4	硅酸乙酯加固剂	硅酸乙酯	风化基岩加固

7.8.3 粘接灌浆材料（表7-3）

表7-3　粘按灌浆材料一览表

序号	材料名称	主要成分	适用范围
1	10%AC-51	丙烯酸乳液	翘曲彩绘回贴、金箔回贴
2	改性丙烯酸乳液	丙烯酸乳液、牛胶	金箔空鼓灌浆
3	改性黄泥浆	黄泥、丙烯酸乳液、石灰	彩绘裂缝起甲灌浆

7.8.4 修补材料（表7-4）

表7-4　修补材料一览表

序号	材料类别	材料名称	主要成分	适用范围
1	发髻修补	砂岩	当地砂岩	缺失石质发髻制作补配
2		修复砂浆	石英粉、水、大漆	新做石质发髻表面缺陷修补
3		修复泥浆	黄泥、水、棉花、石灰	泥质发髻轻微缺损修补
4		粗泥	当地土、沙子、稻草	泥质发髻塑形
5		细泥	过筛黄土、沙子、棉花	泥质发髻表面形状整饰
6	金箔修补	传统金胶油	大漆、桐油、汽油	金箔修补
7		高锰酸钾溶液	高锰酸钾、水	金箔作旧
8	发髻彩绘	地仗找平层砂浆	黄土、大漆、丙烯酸乳液、水	发髻彩绘地仗找平层
9		地仗找平层砂浆	大漆、桐油、砖灰、水	裙摆彩绘地仗找平层
11		黑色颜料	大漆、桐油、炭黑	黑色彩绘
12		红色颜料	大漆、桐油、银珠、石色黄	红色彩绘

8　潼南大佛保护修复方案

　　根据上述确定的潼南大佛保护修复实施工艺，针对大佛各部位的具体病害特征及保护修复需求，制定了具体的保护修复实施方案，并对保护修复提出了具体的实施步骤和预期目标。

　　在整个大佛的保护修复工程中，头部是民众关注的重点部位，面部的雕刻手法细腻，线条优美逼真，眼角处的细小纹路和微笑的嘴部动作赋予佛祖向众生微笑的亲切感、人情味以及普度众生神态，具有超高的艺术与文化价值。作为最能体现大佛形象的脸部金箔修复应达到最佳效果，颜色及色泽都应该是整个大佛贴金区域最为完善的；发髻的修复与补全将恢复头部的完整性和协调性；而肩部至躯干及裙摆金箔的修复效果在清洁、补贴后与脸部要有逐渐过渡的层次感，展现出从鲜亮至暗淡的"推蕴效果"，以体现出大佛的悠久历史和文化底蕴，达到大佛贴金的整体健康状态的效果（图 8 - 1）。

a　　　　　　　　　　　　　　　　　　b

图 8 - 1　大佛头部及躯干局部修复效果示意图

a 大佛头部及躯干局部修复前　b 大佛头部及躯干局部修复后

8.1　大佛头部发髻保护修复方案

8.1.1　发髻保护修复预期目标

发髻保护修复的预期目标如下：

1）清除现有发髻表面的大量尘土及泥水痕迹；

2）缺失的发髻以当地同类岩石雕刻、上色并安装，局部缺损的发髻以传统泥塑工艺修复；

3）加固发髻石质或泥质基体，对现有发髻彩绘进行加固、回贴并修复缺失彩绘。

通过上述修复保护措施，恢复大佛发髻的完整性。保护前后的预期效果展示如图 8 - 2。

8.1.2　发髻保护修复实施方案

1）发髻表面浮尘的清理

发髻表面的较厚浮尘用毛刷进行洁除。脆弱表面的少量灰尘以棉签 50% 乙醇水溶液洁除。

2）表面较顽固附着物的清理

对于附着较为紧密的污染物，根据试验结果，滴加乙醇水溶液软化后，采用贴纸法，在待清理处贴附日本镜头纸后涂刷乙醇溶液，多层贴附，带溶剂适当挥发后揭开镜头纸。根据污染物情况反复多次，直至清理干净。

若顽固附着物所附着的表面已经严重风化破损无保留价值的直接用铲刀清除。

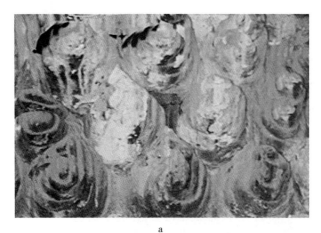 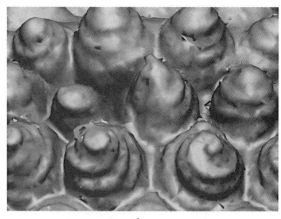

图 8 - 2　发髻保护效果对比示意照
a 发髻保护前　b 发髻保护后

3）缺损的发髻的修复

大佛发髻部分为泥质或石胎泥塑，这类发髻缺损部分的修复以当地黄泥添加砂、稻草、棉花及少量丙烯酸乳液调制的材料修复，添加丙烯酸乳液的作用是增加新添部分与原有部分的结合力。

4）风化发髻基体加固

（1）风化泥质发髻的加固：使用5%的硅丙乳液，滴管滴加工艺。滴加工艺操作时严格控制每次滴加量，避免泥质坍塌，待干燥后再进行二次滴加，反复多次直到达到加固要求。

（2）风化石质发髻的加固：使用硅酸乙酯加固剂，无水乙醇作为稀释剂，滴加工艺。反复滴加三次，加固剂浓度为第一次为50%、第二次及第三次为100%。每次滴加后养护7d后再进行下一次操作。

5）缺失发髻的雕刻、上色及安装

按照前所述的缺失石质发髻补全实施工艺中的步骤选用当地与大佛本体砂岩的同类岩石按照测量尺寸制作缺失发髻，再进行表面彩绘绘制。彩绘材料为传统材料：地仗层材料为桐油、大漆、瓦灰等调制；彩绘颜料为桐油、大漆、炭黑及少量群青调制，汽油做稀释剂。雕刻工艺采用传统方法。

缺失发髻的安装采用粘接锚固法，粘接材料为环氧植筋胶和硅酮石材胶，锚杆为木质锚杆。

8.2　大佛脸部保护修复方案

8.2.1　大佛脸部保护修复预期目标

大佛脸部金箔由于多次贴金出现了严重的卷曲开裂现象。脸部是体现真个大佛艺术效果的精华所在，因此对于大佛脸部的保护修复是本次保护修复工程的重点。通过保护修复工程的实施，达到以下目标：

1）清除脸部污染物，恢复金箔本体色泽；

2）所有翘曲开裂金箔回贴修复保护完毕；

3）金箔缺失部位进行补全已达到脸部金箔协调统一；

4）对脸部彩绘进行清洁和修复。

通过上述保护修复措施的实施，完整展现潼南大佛贴金彩绘的艺术形象，脸部金箔修复效果如图 8-3 所示。

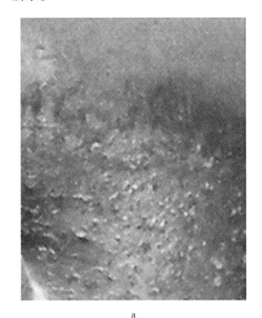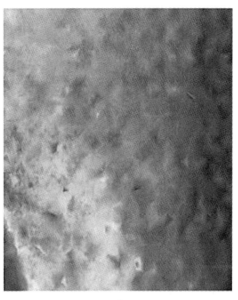

a　　　　　　　　　　　　　　　　　　　　b

图 8-3　脸部局部修复后的效果示意图

a 脸部局部处理前　 b 脸部局部修复后

8.2.2　大佛脸部保护修复实施方案

1）灰尘的清理

用毛刷刷除脸部的浮尘。局部细微处的灰尘用棉签蘸纯净水后粘取灰尘。

2）风化金箔的预加固及表面污渍的清理

脸部部分金箔已经有明显的风化，在清洁的过程中容易导致金颗粒剥落，必须在清洁前进行预加固。

预加固用 3% 硅丙乳液滴加至金箔表面，该乳液在流过金箔表面的同时具有清洗的功能，可将表面灰尘冲刷除去。硅丙乳液干燥后金箔得到加固，可进行后续的清洗等操作。

金箔表面的油脂类污渍可用棉签蘸乙醇和乙酸乙酯轻轻擦洗，局部顽固污渍再配合高温蒸汽喷雾共同作用去除。

3）翘曲金箔的软化回贴

脸部翘曲金箔首先采用乙醇、丙酮的混合溶液滴加软化，在翘曲金箔的背面涂刷牛胶改性丙烯酸乳液后用棉签轻轻按压使金箔回贴定位。注意养护避免移位。

4）缺失金箔的补贴

脸部金箔缺失部位需进行补贴，金箔选择与现状金箔颜色尽量接近的产品，金胶油以桐油、大漆配制，并适当添加汽油作为稀释剂，加快金胶油干燥速度。金箔补贴视所贴位置的情况可能需要反复2~3 层，以达到与周边原有金箔平齐。补贴金箔视周边保留金箔的色泽和质感进行外观协调处理。

5）彩绘的清理及修复

脸部的彩绘分布于眉毛、眼睛及嘴唇。彩绘表面的灰尘用毛刷轻轻刷除，刷不掉的则以贴纸法清除。

局部表面风化彩绘涂刷硅丙乳液进行加固，细微缺损处以大漆、桐油添加炭黑的黑色颜料或添加银珠的红色颜料进行修复。

8.3 大佛躯干保护修复方案

8.3.1 大佛躯干保护修复预期目标

目前大佛躯干大部分被厚厚的灰尘所覆盖，前期研究仅对灰尘覆盖现状进行了调查、记录及检测，对灰尘覆盖下的金箔保存状况还有待进一步的详细调查。因此，大佛躯干部分保护修复的预期目标如下：

1）表面覆盖灰尘全面清理干净；

2）对清理灰尘后的躯干进行进一步的激光三维扫描和信息留取；

3）对躯干病害现状进行深入调查和分析记录，在此基础上制定更加准确细化的保护修复实施方案；

4）对金箔风化进行加固、翘曲部分进行回贴、缺失部分进行补贴；

5）风化及空鼓基岩进行粘接、灌浆及加固处理。

实施保护修复工程后重现贴金大佛的完整形象，同时体现出潼南大佛历史文化价值。躯干金箔修复效果如图 8-4 所示。

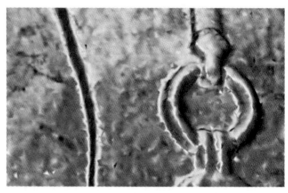

a　　　　　　　　　　　　　　　　　　　　b

图 8-4　躯干局部修复后的效果示意图

a 躯干局部修复前　b 躯干局部修复后

8.3.2 大佛躯干保护修复实施方案

1）表面灰尘的清理

躯干各部位灰尘附着严重，最后处超过 5mm。灰尘的清理分层次进行，首先用毛刷刷除，清理过程自上而下进行，需反复多次，直到可以隐约看出贴金层。

2）风化金箔的预加固及污渍清理

躯干部位有些金箔保存较好，也有部分金箔已经有明显的风化，在清洁的过程中容易导致金颗粒剥落，必须在清洁前进行预加固。

预加固用 3% 硅丙乳液滴加至金箔表面，该乳液在流过金箔表面的同时具有清洗的功能，可将表面灰尘冲刷除去。硅丙乳液干燥后金箔得到加固，可进行后续的清洗等操作。

金箔表面的油脂类污渍可用棉签蘸乙醇和乙酸乙酯轻轻擦洗，局部顽固污渍再配合高温蒸汽喷雾共同作用去除。

3）翘曲金箔的软化回贴

翘曲金箔首先采用乙醇、丙酮的混合溶液滴加软化，在翘曲金箔的背面涂刷牛胶改性丙烯酸乳液后用棉签轻轻按压使金箔回贴定位。注意养护避免移位。

　　4）缺失金箔的补贴

　　金箔缺失部位需进行补贴，金箔选择与现状金箔颜色尽量接近的产品，金胶油以桐油、大漆配制，并适当添加汽油作为稀释剂，加快金胶油干燥速度。补贴金箔视周边保留金箔的色泽和质感进行外观协调处理。

8.4　大佛裙摆彩绘保护修复方案

8.4.1　大佛裙摆彩绘保护修复预期目标

　　现状保留的大佛裙摆部位的彩绘为后期补绘，所采用的原料亦为现代材料，且损坏严重，不利于大佛整体价值的保存。本次保护修复后，将达到以下预期目标：

　　1）后期不当修复彩绘全部清理干净；

　　2）风化基岩得到加固；

　　3）使用传统材料及传统工艺补绘彩绘。

　　彩绘修复后局部效果如图 8-5 所示：

a　　　　　　　　　　　　　　　　　　　　b

图 8-5　裙摆彩绘修复效果示意图

a 裙摆处修复前　b 裙摆处修复后

8.4.2　大佛裙摆彩绘保护修复实施方案

　　1）残留彩绘的清理

　　残留彩绘清理主要使用修复刀剔除，局部附着顽固的用高温蒸汽喷雾后使之软化再以修复刀剔除。

　　2）微生物清理

　　部分裙摆彩绘剥落处有局部有青苔生长痕迹，根据前期试验结果，采用蒸汽机杀灭现存青苔等微生物，用塑料刷将残留物刷除，最后表面涂刷 201 复合抗藻剂进行进一步的微生物防治。

　　3）彩绘地仗层修复

　　裙摆彩绘地仗层采用大漆、桐油、转砖灰调制，用传统牛角刀施工。

　　4）彩绘修复

　　黑色颜料采用大漆、桐油、炭黑调配，汽油作为稀释剂。红色颜料采用大漆、桐油、银朱及石色黄调配，汽油做稀释剂。彩绘修复应由有经验的艺人施工。

8.5　大佛保护修复方案分步骤实施计划

　　潼南大佛的保护修复工程涉及内容多，步骤复杂，根据实施内容需要分以下五个步骤实施：

1）大佛表面灰尘清理；

2）大佛头部保护修复工程实施；

3）大佛躯干部位信息留取及深入病害调查；

4）大佛躯干保护修复工程实施；

5）大佛本体信息电子化及病害地理系统建立。

9 大佛环境整治、档案完善及养护保养制度

在潼南大佛的地质勘查工作中已经发现，大佛周边存在几处危岩，尤其是大佛寺内位于大佛西侧的危岩，虽然经过治理，但目前的状况仍对大佛寺安全有一定的影响。大佛寺内部也存在多处渗水，不利于大佛的长期保存及保护。

目前大佛尚未建立完善的保护档案自理，日常维护制度缺乏，在保护修复工程实施过程中及完成后应在档案及养护保养制度方面建立规范化的制度，以利于大佛的长期保护及管理。

本部分就大佛环境、档案及养护制度等各方面提出相应的建议措施。

9.1 大佛环境整治建议

9.1.1 大佛周边危岩及水害整治建议

大佛周边岩体为与大佛材质一致的红砂岩，表层主要存在局部微生物滋生及风化、粉化等。在大佛东侧还有几块石刻，也应一并实施保护措施。大佛两侧岩石应在全面清洁的基础上处理风化及微生物滋生问题。根据试验结果，可对风化表面采用硅酸乙酯加固剂进行渗透加固，并对苔藓滋生部位涂刷 201 复合杀藻剂，进行微生物防治处理。

大佛西侧危岩体目前仅进行了周边支护，安全措施不足，应进行进一步支护和锚杆加固。

大佛东侧基岩有 3 块石刻，不同程度存在表面风化现象。在本次养护性保护实施中采用硅酸乙酯加固剂对石刻表面进行渗透加固处理，防治粉化剥落造成石刻文字内容的损毁。

9.1.2 大佛西侧渗水病害治理方案

现场勘察发现，相对于大佛西侧，大佛东侧由于对水害采取了蓄积并集中排出的措施，潮湿程度明显轻于西侧，而大佛东侧岩体的风化程度也明显轻于西侧，显示长期渗水的确对大佛保存不利。

在大佛西侧，参考东侧的做法，在西侧渗水集中地点开挖一口深度 1.5～2m 左右深度的集水井，其内安放潜水泵，定期排走积水。

9.1.3 周边山体整治一期工程

根据两次勘察，周边山体存在多处危岩，对大佛寺及周围单位安全造成直接威胁。另由于山体目前尚无排水系统，大雨或暴雨季节山体水流对大佛造成威胁，也对山体危岩的稳定性造成进一步的影响。建议立即启动周边山体整治一期工程，主要进行周边山体的排水系统设计及施工，改善大佛寺周边环境。

9.2 大佛本体资料及保护档案完善

9.2.1 大佛本体资料完善及后期制作

在前期研究过程中，已经采用激光三维扫描技术队大佛进行了精细的扫描，并在此基础上得到

了大佛的基本信息数据。根据前期研究及病害调查的结果，在大佛本体灰尘清理后再对躯干部分进行进一步的激光三维扫描对灰尘清理后的表面真实情况进行进一步的记录。灰尘清理后还需进行深入病害调查和记录，并绘制病害分布图，完善原有《潼南大佛基础图集》，并汇总前期成果，建立大佛病害地理分布信息系统。

经现场扫描的大佛准确数据可为大佛的保护和研究提供丰富的原始资料。为丰富大佛的展示方式，还可利用这些基础数据进行后期制作，形成丰富的大佛展示手段，为潼大佛景区旅游提供更多的宣传及展示形式，能够可在不影响大佛本体保护的前提下更加有利于大佛的宣传和利用。

9.2.2　大佛保护档案完善

目前潼南大佛的档案资料还不够完善，通过前期研究已经取得了初步成果。在大佛保护修复工程的实施过程中，通过进一步的三维激光扫描应进一步采集各项数据并进行电子化，形成大佛保护档案。

9.3　大佛及小微环境长期监测建议

潼南大佛的保护是一项长期的工作，在养护性保护方案实施后仍需定期对大佛状态进行观察和监测，发现问题及时解决。由于环境条件对大佛的保护有明显影响，建议在大佛寺周边及大佛相应位置布置小环境监测设备，长期监控小环境条件，为大佛的科学提供基础数据的支持。

大佛小环境监测配置设配为：

气象站 2 台（分别位于大佛寺外广场及所在山体，监测外部气象条件）

自动温湿度记录仪 12 台（分布于大佛头部、躯干、裙摆等部位）

大佛寺管理人员定期收集上述监测仪器中的环境数据，进行环境条件分析，并根据环境条件的变化及时制定适宜的保养维护方案。

另外，还应在大佛周边设置安全监控系统确保文物安全。

9.4　大佛日常养护保养制度的建立

目前大佛的日常养护及保养非常有限。在保护修复工程实施完成后，应充实大佛日常养护管理的技术力量。对上述环境监测数据定期提取分析，并针对大佛本体病害进行周期性的观察记录，发现问题及时解决，建议从以下几个方面制定日常养护保养制度：

1）由专人负责潼南大佛本体日常养护工作，建立相应的工作制度；

2）环境监测数据每月提取一次，提取后进行汇总及简单分析，有异常情况应及时报告；

3）每季度对大佛进行一次细致观察，并做好记录，主要是发现病害及时记录并处理；

4）每年对大佛进行一次灰尘清理，可采用压缩空气吹扫等温和方式；

5）根据大佛本体上微生物繁殖的实际情况采取恰当的处理措施。

上述所有工作都应形成相应记录，作为潼南大佛保护档案的基础资料。

后 记

本书是对潼南大佛保护工程中各项工作的整理与总结,力争较为全面地反映潼南大佛本体保护相关的前期勘察、现状评估、检测分析、工艺研究、保护修复实施等内容。

潼南大佛保护工程的顺利实施得益于国家文物局、重庆市文物局、潼南县政府、潼南大佛景区管理委员会的长期关心与大力支持;得益于国家文物局专家组、川渝地区不同学科领域专家学者的指正与建议,得益于潼南大佛保护工程所有参与单位与人员(详见前文表 9 - 1 中所列,在此不予重复)的辛苦劳动和热心配合。正是由于各方的倾心投入与严谨的工作精神,使得工程得以顺利完成,并在"2012 年度全国十佳文物维修工程"评选中获得"十佳工程"的荣誉。

此处特对各方的支持与辛勤付出表示由衷的感谢。

受自身能力、水平所限,书中如有疏漏、错误之处,还请各界学者、读者批评指正、不吝赐教。

图

版

图版1　潼南大佛修复前

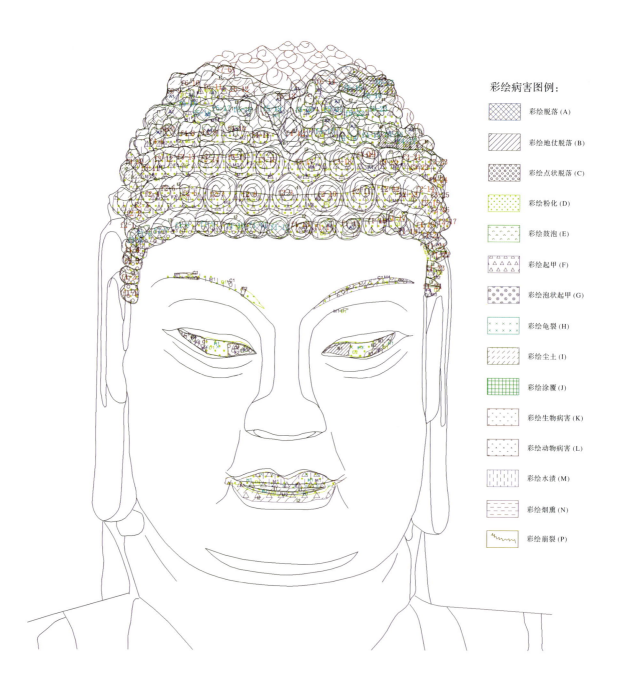

彩绘病害图例：

▨	彩绘脱落 (A)
▧	彩绘地仗脱落 (B)
▨	彩绘点状脱落 (C)
▨	彩绘粉化 (D)
▨	彩绘鼓泡 (E)
△	彩绘起甲 (F)
▨	彩绘泡状起甲 (G)
▨	彩绘龟裂 (H)
▨	彩绘尘土 (I)
▦	彩绘涂覆 (J)
▨	彩绘生物病害 (K)
▨	彩绘动物病害 (L)
▨	彩绘水渍 (M)
▨	彩绘烟熏 (N)
◢	彩绘崩裂 (P)

图版2 发髻病害图

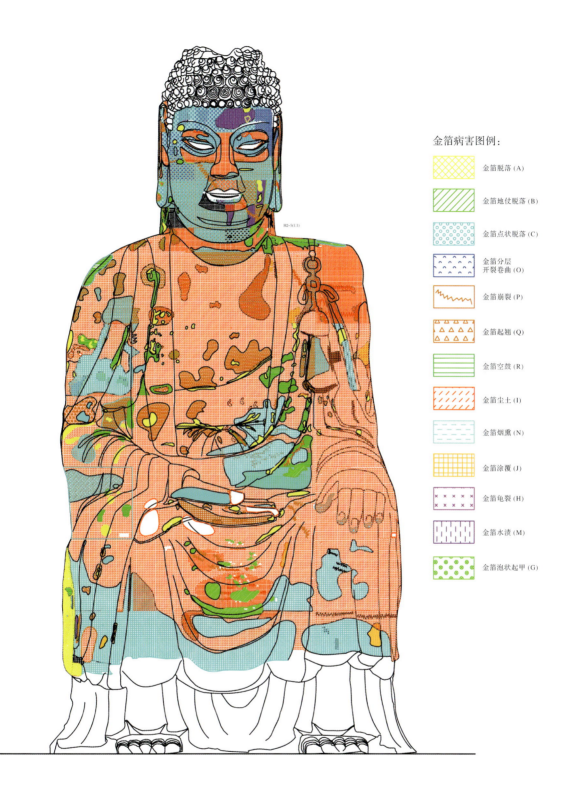

金箔病害图例：

	金箔脱落 (A)
	金箔地仗脱落 (B)
	金箔点状脱落 (C)
	金箔分层开裂卷曲 (O)
	金箔崩裂 (P)
	金箔起翘 (Q)
	金箔空鼓 (R)
	金箔尘土 (I)
	金箔烟熏 (N)
	金箔涂覆 (J)
	金箔龟裂 (H)
	金箔水渍 (M)
	金箔泡状起甲 (G)

图版3　金箔病害图

图版4　发髻修复前（侧向）

图版5　发髻修复前（顶部）

图版6　璎珞部位清理后

图版7　躯干部位金颗粒留存及地仗开裂现状

图版8　衣褶部位金颗粒留存及地仗缺失现状

图版9　裙摆部位地仗层起翘、开裂现状

图版10 加固发髻起翘彩绘

图版11 制作发髻修补用泥

图版12 清理表面积尘

图版13 空鼓支点回贴

图版14　裂隙灌浆

图版15　起翘灌浆修补

图版16　修补缺失地仗

图版17　修补缺失漆灰层

图版18　修补缺失金箔

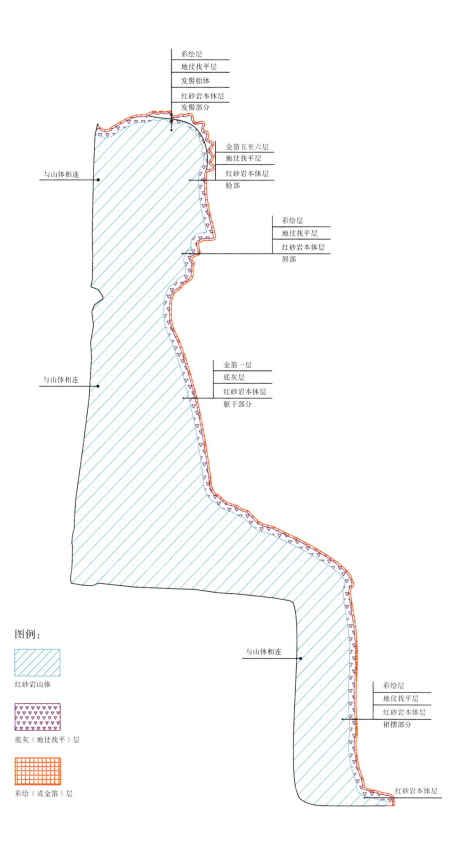

彩绘层
地仗找平层
发髻胎体
红砂岩本体层
发髻部分

金箔五至六层
地仗找平层
红砂岩本体层
脸部

彩绘层
地仗找平层
红砂岩本体层
唇部

与山体相连

与山体相连

金箔一层
底灰层
红砂岩本体层
躯干部分

与山体相连

彩绘层
地仗找平层
红砂岩本体层
裙摆部分

红砂岩本体层

图例：

红砂岩山体

底灰（地仗找平）层

彩绘（或金箔）层

图版19　工艺结构调查统计

图版20　历史贴金痕迹

图版21　历史重复贴金痕迹

图版22　发髻修复后

图版23 面部修复后

图版24　躯干局部修复后

图版25　底部疏水槽

图版26　潼南大佛修复后

图版27　保护中的发现——大佛眉宇间白毫印记

图版28　保护中的发现——大佛木质眼珠

图版29　保护中的发现——佛头前端题刻

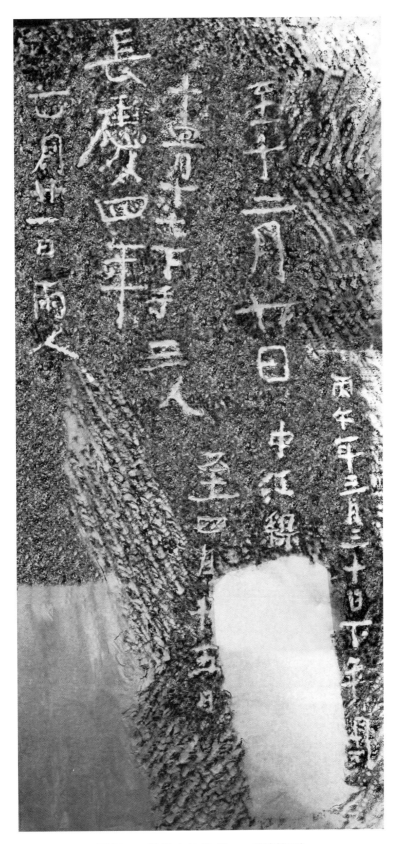

图版30 保护中的发现——题刻拓片

图版31 荣获"2012年度全国十佳文物维修工程"